「謎」で巡る神社の歩き方

神社創建の歴史
――鹿島・香取・春日・伊勢・祇園・氷川を中心に

宗教学者
島田裕巳

啓文社書房

はじめに

本書の中心となるテーマは「神社創建の歴史」についてです。ところが、この神社創建の歴史には多くの「謎」があります。建築物としてのお寺の歴史、思想史や精神史としての仏教の歴史などに比べた場合、神社創建の歴史は、整然と説明していくことがなかなか難しいのです。

仏教の歴史であれば、まず、仏教公伝という出来事があります。それは、『日本書紀』によれば５５２年、現存最古の聖徳太子（厩戸皇子）の伝記『上宮聖徳法王帝説』などによれば５３８年というように、年代ははっきりしないところはあるものの、日本に仏教が入ってきた歴史というものが事実として残っています。

その後、奈良の地でいろいろな宗派が生まれ、７１０年の平城京遷都に始まる奈良時代には、後に「南都六宗」と呼ばれる法相宗をはじめとする６つの宗派ができます。たとえば、そのなかの華厳宗は、東大寺を総本山とすることで有名です。また、７９４年の平安京遷都にはじまる平安時代には、最澄と空海が唐に渡り、天台宗と真言宗を日本にもたらしました。12世紀末に始まる鎌倉時代には、浄土宗を開いた法然をはじめ、数多くの宗祖が生まれ、それぞれの宗派が誕生します。

このように、仏教の場合はそれぞれの宗派が歴史を書き残していることもあって説明ができるのですが、神社の場合には、この「宗派」にあたるものがないわけです。

仏教では、僧侶は経典を読むわけで高度な識字能力を持っています。ですから、お寺には様々な史料が残されているのですが、神社ではそうした能力が必要なく、その分、神社には史料が残されていないのです。

神社の歴史と言った場合、そもそも、その歴史がどのように進んでいったのかがよくわかっていません。いちばん最初の神社はどこにあって、どのようにできたものなのかといったことから始めて、歴史を順に説明していくことがなかなかに難しいのです。

したがって、神社の歴史をお話しする場合、あっちに行ったりこっちに行ったり、といったことにならざるをえないのですが、そうしたところから浮かび上がってくるものこそが神社の歴史です。

ただその分、神社創建の歴史について探求していく作業は、興味深いもので、あたかもミステリー小説を読んでいくかのような面白さがあります。古代に想いを馳せ、現代の私たちには失われた太古の人間の感覚を取り戻していくことにもなっていくのです。

それはお寺の歴史を追っていく以上に私たちの好奇心を刺激してくれることにもなっていきます。

神社創建の歴史がわかってくると、神社そのものについての興味が深まっていき、実際に神社巡りをする際にそれは大いに役立つはずです。

ぜひ読者の皆さんも、神社の謎に挑んでみてはいかがでしょうか。本書がそれに役立つなら、これほど幸いなことはありません。

島田裕巳

「謎」で巡る神社の歩き方

神社創建の歴史

——鹿島・香取・春日・伊勢・祇園・氷川を中心に

【目次】

第二章

「祭神」とは何か

第三章

春日大社の「鹿」の発祥は鹿島神宮？

第四章 春日大社と藤原氏の謎の関係

第五章

伊勢神宮・内宮磐座の謎

第六章

スサノオが氷川神社と八坂神社に祀られている謎

第一章

謎が謎を呼ぶ神社創建の歴史

日本最古の神社「鹿島神宮」

「社伝」はどこまで信用できるか？

まず、日本最古の神社と言われている「鹿島神宮」のお話からしていきたいと思います。

鹿島神宮は、茨城県鹿嶋市宮中にあります。２０２１年から「令和の大改修」に入っていて、２０２４年11月現在、本殿の改修は終了していますが、今の段階では、残念ながら鹿島神宮の完全な姿に接することはできません（２０２６年に完了予定）。

その南西約15キロメートルの距離にある香取神宮（千葉県香取市香取）と並んで、

鹿島神宮 本殿

全国にある鹿島神社の総本社。武道の神としても知られるタケミカヅチが祀られている。

・茨城県鹿嶋市／ JR鹿島線「鹿島神宮駅」徒歩10分（写真：鹿嶋市HPより）

香取神宮

全国にある香取神社の総本社。国譲りの際に活躍する経津主神を祀っている。

・千葉県香取市／ JR成田線「佐原駅」バス15分、徒歩30分（写真：香取神宮HPより）

鹿島神宮は、関東を代表するたいへんに有名な神社です。

この鹿島神宮創建の歴史を知る上で、参考になるのが『日本宗教史年表』（山折哲雄・日本宗教史年表編纂集委員会、河出書房新社）です。日本の宗教の歴史が年表としてまとめられている分厚い本で、そこにはいろいろなことが書かれています。

『日本宗教史年表』は、「前史Ⅰ」とした《前二〇〇〇年頃　環状列石・甕棺墓・箱式石棺墓などの墓地が造られる》から《六世紀　日本各地に横穴式石室がみられるようになる》までの年表の後に「前史Ⅱ」の項目があり、その最初には次のように書かれています。

《神武天皇元年　この年、神武天皇が即位する。〈日本書紀〉▼鹿島《かしま》神宮が創立される。〈社伝〉》

「前史Ⅱ」は神武天皇元年で始まっていますが、この「神武天皇元年」というものが西暦でいえば何年にあたるのかということは、そもそもはっきりしません。

『日本宗教史年表』
監修・山折哲雄
河出書房新社

７２０年に完成した『日本書紀』は、日本初の、天皇の勅命、つまり天皇の命令で編纂された勅撰国史です。

『日本書紀』には、神武天皇のことについて、「辛酉の年春一月一日、天皇は橿原宮《かしはらのみや》で即位された」と書かれており、『日本宗教史年表』はそれに続けて《鹿島神宮が創立される》としているわけです。

『日本宗教史年表』に神社として最初に登場するのが鹿島神宮です。

そして、鹿島神宮は神武天皇の即位した年にできた、とあるわけです。

神武天皇が即位した場所は橿原宮ですから大和の地、今の奈良県です。

一方で、常陸国つまり現在の茨城県にある鹿島神宮が、同じ年に創立されたと『日本宗教史年表』にあり、年表の最初に出てくるということは、つまり鹿島神宮は数ある神社の中で最初にできた神社である、ということです。

では、なぜ鹿島神宮は神武天皇即位の年に創建されたと言えるのでしょうか。『日本宗教史年表』には、《鹿島神宮が創立される。〈社伝〉》と書いてあります。〈 〉はどんな史資料に基づいたものかを明らかにしている部分です。つまり鹿島神宮が神武天皇即位の年に創建されたということは、社伝に基づいている、というのです。

社伝とは、文字通りその神社が代々伝えている文書や伝承のことです。鹿島神宮にはそのように伝えられています、というのが鹿島神宮社伝によるということなのです。

本書にはこれからもたびたび社伝というものが出てきます。社伝はそれぞれの神社を理解するときの重要な参考資料です。

よく、物事の起源や由来のことを「縁起」などと言いますが、縁起というのは仏教用語です。そもそもは、すべての現象は因縁によって生起する、という考え方を縁起と言いますが、後には、由来や功徳などについての伝承を書いた書物や絵巻物を縁起と呼ぶようになりました。

神社において、この縁起にあたるものが社伝です。ただし、この社伝が信用できるものであるかどうか、ということは常に問題になってくるところなのです。

今の姿とは異なる神社というもの

日本最初の神社はいつ建てられたのか？

鹿島神宮のオフィシャルホームページには、「鹿島神宮について」として、次のように書かれています。

《鹿島神宮は、日本建国・武道の神様である「武甕槌大神」を御祭神とする、神武天皇元年創祀の由緒ある神社です》

鹿島神宮の祭神である「武甕槌大神《タケミカヅチノオオカミ》」については後ほどお話ししますが、まず、このように説明されると、多くの方は、「ああ、今の鹿島神宮の社殿がこの年（神武天皇元年＝紀元前６６０年）にできたんだな」というふうにお考えになるでしょう。しかし、それは必ずしも正しいとは言えません。

本書では、以降、繰り返しいろいろなところで「一見正しいと思えること、常識として広まっているけれども間違っていること」について指摘していくことになると思います。

その最初に挙げたいのがこの点です。神社というものの初期の時代に「社殿」に当たるものは存在しませんでした。

社殿というものがいつ頃からつくられるようになったのかということについては、おいおいお話をしていきますが、鹿島神宮が創建されたとされる神武天皇即位の年が今から２７００年ほど前であると考えたとき、そこにはすでに立派な社殿が建っていた、というのは歴史的に考えにくいことです。

なお、紀元前６６０年という神武天皇即位の年は、明治時代に歴史研究者が比定し、明治政府が認定したものです。ただし、それが事実であると、歴史学の世界で証明されているわけではありません。

　今の姿を過去に投影してしまうと、本当のことがわからなくなることがあります。これは、歴史というものを考える時の非常に難しいポイントの１つです。そして、神社創建の歴史を考える場合、ここが特に難しい部分になってきます。

　仏教の場合ですと、例えば奈良に法隆寺があります。法隆寺は前出の『上宮聖徳法王帝説』によれば６０７年に創建されたとあります。木造建築としては、日本だけではなく世界最古の建物です。

　１９４９年に原因不明の出火事故があって金堂の壁画が焼失してしまうという出来事がありましたが、堂自体は解体修理中だったために全焼は免れました。そうした危機を乗り越えて、法隆寺の木造建築は今日までずっと受け継がれてきました。

　では、建物という観点から見た時、現存する最古の神社はどこなのでしょうか。建物として最も古い神社は、京都府宇治市宇治山田にある「宇《う》治《じ》上《がみ》神社」です。お茶どころとしてたいへん有名な宇治にある神社です。宇治の平等院とは、宇治川を隔てて、その向かい側にあります。

この宇治上神社には、本殿と拝殿があります。両方とも国宝に指定されています。使用されている木材の年輪測定から、本殿は平安時代の１０６０年頃に建立されたものと判明しています。拝殿の方は鎌倉時代の１２１５年頃に建立されたものと考えられています。

この宇治上神社の本殿が、神社の建築としては日本に現存する最古のものです。ただこれは、あくまで今に残っているものの中で一番古いということですから、宇治上神社の本殿よりも前に神社の建物があったのかなかったのか、それは他の史資料を研究してみないとわからないことになります。

このあたりの問題も、おいおいお話をしていくことになります。

鹿島神宮の祭神の謎

なぜ、出雲の神が常陸の国で祀られているのか？

引き続き、鹿島神宮のホームページを見ていきましょう。次のように書かれています。

《鹿島神宮の御祭神「武甕槌大神」は、神代の昔、天照大御神の命を受けて香取神宮の御祭神である経津主大神と共に出雲の国に天降り、大国主命と話し合って国譲りの交渉を成就し、日本の建国に挺身されました》

（『鹿島神宮』ホームページ「御由緒・御祭神」）

《出雲の国に天降り、大国主命と話し合って国譲りの交渉を成就》と書いてあるところに注目していただきたいと思います。神武天皇は大和の地で即位しました。鹿島神宮の祭神・武甕槌大神が国譲りの交渉を成功させたのは出雲（現在の島根県東部）の地においてです。

国譲りに武甕槌大神が関わったということは、『古事記』や『日本書紀』といった日本神話にかかれています。

とはいえ、国譲りが行われた出雲と、鹿島神宮のある常陸国とではずいぶん離れています。

そして、「御由緒・御祭神」には続いて次のように書かれています。

《鹿島神宮御創建の歴史は初代神武天皇の御代にさかのぼります。神武天皇はその後東征の半ばにおいて思わぬ窮地に陥られましたが、武甕槌大神の「韴霊剣」の神威により救われました。この神恩に感謝された天皇は御即位の年、皇紀元年に大神をこの地に勅祭されたと伝えられています》

（『鹿島神宮』ホームページ「御由緒・御祭神」）

神武東征と呼ばれていますが、神武天皇は九州からだんだん東へ上っていき、大和の国に来て「大和朝廷」と後に呼ばれる政権を樹立した、というのが神話による言い伝えです。

東征というのは、各地を支配下に置いていく戦いですから窮地に追い込まれることもあり、武甕槌大神は、「韴霊剣《ふつのみたまのつるぎ》」の神威を使ってそれを支援しました。

韴霊剣という名の剣が出てきます。天皇に伝わる宝物に「三種の神器」というものがありますが、剣は古代から非常に重要な武器であるとともに、祭祀、つまり神を祀るときにとても重要な役割をする器物です。

こうした神恩を感謝した神武天皇は、即位の年（皇紀元年）に、武甕槌大神を常陸国に勅祭します。「勅」とは天皇の命令による、という意味です。

つまり、鹿島神宮の社伝では、神武天皇が武甕槌大神をここに祀ったと伝えられているわけです。

これはあくまで神話上の出来事で、歴史的に証明されているわけではありません。とはいえ、ここには興味深い要素がいろいろと出てきます。なお、国譲りの話は、特に『古事記』の中で、日本の建国にまつわるきわめて重要な出来事として語られています。

そこには、武甕槌大神といつも一緒に取り上げられる香取神宮の祭神・経津主《フツヌシノ》大神《オオカミ》が出てきます。香取神宮は千葉県にあります。

鹿島神宮の社伝を見ていくと、このように、その説明の中にいろいろな要素が出てきます。そして、地域ということを考えてみると、さらにまた興味をそそる疑問が出てきます。

《天皇は御即位の年、皇紀元年に大神をこの地に勅祭された》の《この地に》とは、常陸の国に、ということです。常陸の国に勅祭して鹿島神宮を創建したということになっているわけです。

しかし、一番の問題は、神武天皇は常陸の国にまでは来ていないということです。『記紀』その他に、そういう記述はありません。武甕槌大神が活躍した場所は出雲であり、東征途中の熊野であるのに、なぜ常陸の国に祀られなければならなかったのか、このことはたいへん大きな問題になってくると思います。

神社創建の歴史を探るには、こういったところを読み解かなければなりません。登場する要素はいずれにせよ神話上の出来事であり、はっきりとした歴史上の事実とするわけにはいかないものが多ので、そこがかなり難しいことにもなってきます。

「神宮」という名称の謎

伊勢、鹿島、香取の三社だけがなぜ「神宮」と呼ばれているのか？

茨城県鹿嶋市宮中にある鹿島神宮は「神宮」とされています。鹿島神社とは言わないわけで、鹿島神社と言った場合には、現在、東北・関東を中心にして約６００社ある、同じく武甕槌大神を祭神とする神社を指します。

では、この「神宮」とはいったいなんなのでしょうか。

神社のなかには、「神宮」と呼ばれるものもあれば、「神社」と呼ばれるものもあります。例えば埼玉県さいたま市大宮区には「大宮氷川神社」というたいへん大きくて立派な神社がありますが、こちらは神社です。

一方、東京都渋谷区にある、これもたいへん有名な明治神宮は「神宮」です。

三重県伊勢市にあるのは、「伊勢神宮」です。正式な名称は「宗教法人神宮」です。伊勢神社と言うと、別の神社を指すことになります。

『日本書紀』の中で挙げられている神宮は、伊勢神宮と大和の国にある石上神宮《いそのかみじんぐう》、そして出雲の出雲大神宮です。一方、『古事記』に登場する神宮は、伊勢神宮と石上神宮だけです。

出雲大神宮というと、現在は京都府亀岡市にあるものを「出雲大神宮」と呼んでいます。この出雲大神宮も実は重要な神社なので、後ほど話が出てくると思います。『日本書紀』の出雲大神宮は、古代には「杵築大社」と呼ばれていました。これは後ほど出雲をテーマにお話をするときにいろいろと検討しようと思いますが、今は「出雲大社」と呼ばれています。

この出雲大社が、本当に出雲の中心的な神社だったのかどうかについては、研究しなければならないところがあります。

島根県の東部には熊野大社（島根県松江市八雲町）があり、出雲大社（島根県出雲市大社町）とともに出雲一宮、つまりは出雲地方の代表的な神社とされています。実は熊野大社の方がかつては中心だった可能性もあるのです。

ともかく、記紀の時代に、神宮と呼ばれていたのは少ないわけです。限定された神社しか神宮とは呼ばれていません。

そのなかに、皇室の祖先神である天照大御神を祀っている伊勢神宮が含まれているわけですから、「神宮」というのは、相当に重要な存在で、一般の神社とは異なる存在として位置づけられていたことがわかります。

平安時代の927年にまとめられた、『延喜式神名帳』という、当時日本全国に鎮座していた重要な神社の一覧があります。『延喜式神名帳』は「えんぎしきじんみょうちょう」とも「えんぎしきしんめいちょう」とも読まれます。

『延喜式神名帳』は、本書では繰り返し出てくることになりますので、あまり身近なものではないかもしれませんが覚えておいていただきたいと思います。

『延喜式神名帳』の中で伊勢神宮は、「伊勢」とは付かずに「大神宮」とだけ呼ばれています。大神宮といえばずっと伊勢神宮のことでした。今でも、ただ「神宮」といえば伊勢神宮のことであり、伊勢神宮のオフィシャルホームページでも、正式には「神宮」のみで呼ぶ、と書かれています。

『延喜式神名帳』において、大神宮の他に「神宮」とつけられているものは、鹿島神宮と香取神宮のみです。

『延喜式神名帳』には制度的に認定された官社2861社が掲載されていますが、大神宮、鹿島神宮、香取神宮の3つだけが「神宮」です。

神宮という名前が、平安時代当時に公式に与えられて今に続いているということは、鹿島神宮と香取神宮がいかに重要なものかということを示しています。

古代、政治の使命は「いかに神を祀るか」

今の政治と大きく変わっていた点とは？

『延喜式神名帳』は先に触れた通り、平安時代の延長5年、927年に成立した、当時存在した重要な神社の名簿です。

『延喜式神名帳』の成立の背景には、「律令」という法律体系があります。今でいえば憲法に当たるものです。

701年に大宝律令が制定され、757年にその改訂版にあたる養老律令が施行されました。「律」は刑法、「令」は民法や行政法にあたり、この法律体系に従って政治が行われていたわけです。ただし大宝律令は残っていませんし、養老律令の方は、令について、後の文書に引用された形で残されていますが、律の方は一部しか残っていません。

もっとも、律令は日本独自のものではなく、唐の律令をそのまま引き写したものなので、律についてもその内容を推測することができます。

律令は憲法に当たるわけですから、運用の実際、つまり、どういう時にどういうことをしなければいけないのかという詳細な部分は律令を見てもわかりません。そこで、「式」というものがつくられました。

律令の運用実施細則、つまりこういう場合には、こういうふうにやりなさいということを細かく記したものが「式」です。その代表が927年に完成し967年から施行された『延喜式』です。「延喜」とは、編纂が開始された時の元号です。『延喜式』は、それに先行する『弘仁式』や、その改訂版の『貞観式』をもとにしています。『延喜式』は式の集大成で、大部分が残っていますので、その内容を知ることができます。

『延喜式』は全50巻で、約３３００条からできています。その最初に書かれていることは何かといいますと、「どのように神を祀るか」ということです。

こうした儀式においては、こういう供物を捧げますとか、祭りごとのやり方やその順番が細かく記載されています。

例えば天皇の即位儀礼である大嘗祭《だいじょうさい》という儀礼がありますが、大嘗祭のやり方も、『延喜式』の中に出てきます。ただ、大嘗祭には秘伝の部分も多く、それについては『延喜式』だけではわかりません。

『延喜式』の第1巻から第8巻までが、儀式のやり方の説明です。9巻と10巻が「神名帳」になっていて、この部分のことを『延喜式神名帳』と呼んでいます。『延喜式』はその後、延々と40巻続いていきます。

律令は政治のためのものです。『延喜式』も政治のためのものです。にもかかわらず、『延喜式』の最初の部分に祭りごとのことが記されています。これは、「神を祀るということがいかに当時の政治において重要なことであったのか」を示しています。

この点は、今の政治のあり方とはずいぶんと違います。現代においては、経済政策や外交政策、国内であれば社会福祉をどうするかといったことが中心的な政治の役割とされていますが、昔は、政治が最も重く担うべき役割は、「いかに神を祀るか」ということにあったのです。

現代は政教分離の原則が日本国憲法の第20条で定められていますが、それとは全く違う世界です。神というものが実際に大きな力を持っていたわけです。古代あるいは中世、また、近世になってさえその影響はかなり残されていましたが、神をいかに祀るかということが政治の中心的な課題でした。だからこそ、『延喜式』の最初に出てくるわけです。

『延喜式神名帳』に記載された神社は『延喜式』の「式」を取って「式内社」と呼ばれました。式、つまり律令の運用細則の中に、名前が挙げられている神社という意味で「式内社」です。

「式内社」という言葉も、これからよく出てきますので覚えておいていただければと思います。

そこには、『延喜式』が完成した927年の時点で存在した全国の主要な神社が掲載されています。もちろん、当時新しく創建された神社もありますが、それは掲載されていません。

例えば京都府八幡市に石清水八幡宮というたいへん有名な神社があり、その創建は859年あるいは860年と伝えられていますが、『延喜式神名帳』には掲載されていません。

『延喜式神名帳』が完成する少し前の時点でできた神社なので掲載されていないわけです。それよりも前の、古くからある由緒のある神社が「式内社」に認定されている、ということになります。

神の名の記載がほとんどないという謎

なぜ、神社の名前だけが挙げられているのか？

実際に『延喜式神名帳』の中身を見てみましょう。活字本からの複写引用です。

当時は「郡《こおり》」というものが地域行政の単位になっていました。例えば「佐野郡四座」という文字が見えます。「佐野郡」（さやのこおり、さやぐん）は現在の静岡県佐野郡にあたります。

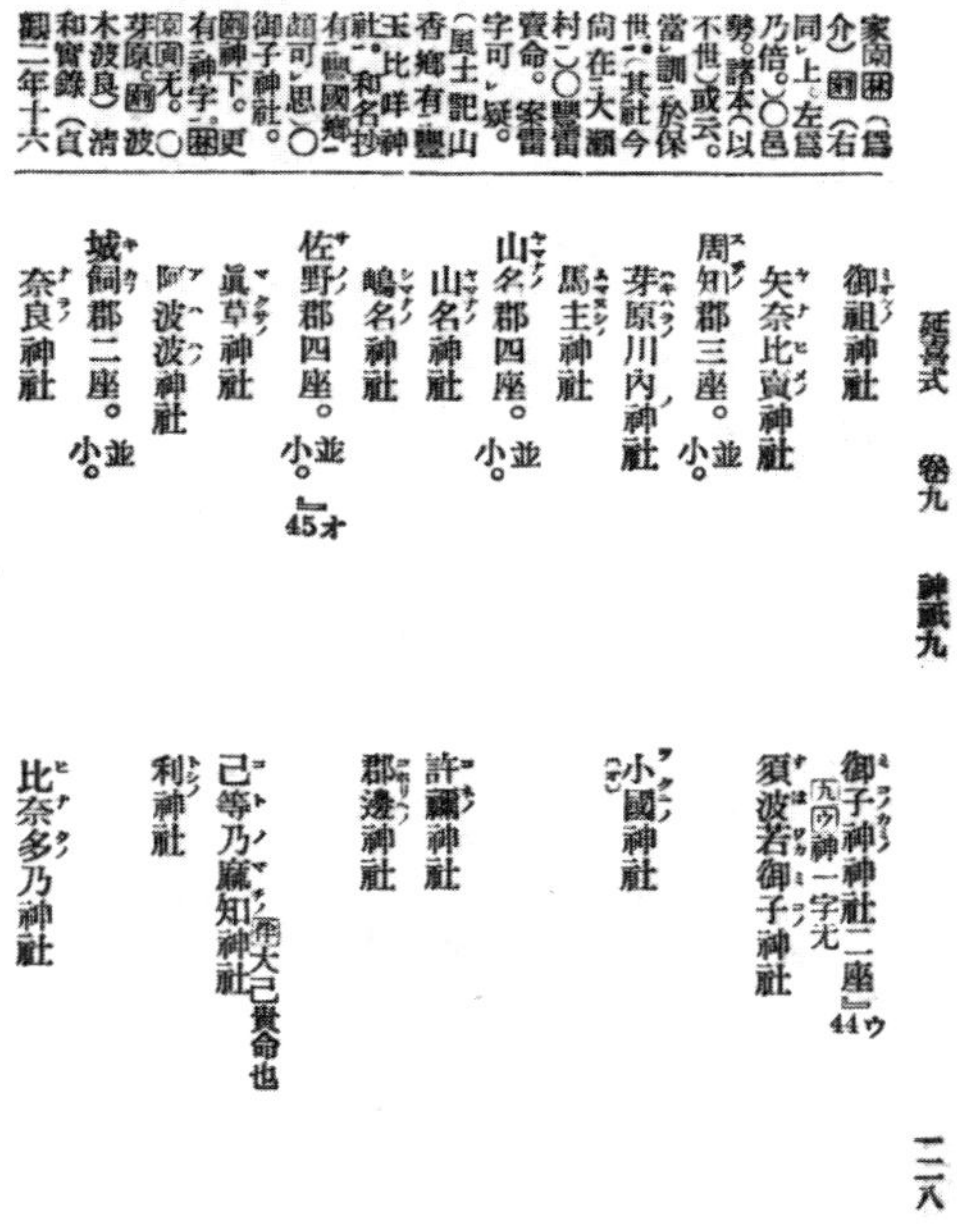

延喜式　巻九　神祇九

家園困（爲介）圄（右同上。左爲乃倍。〇邑勢。諸本（以不世）或云。當レ訓二於保世一。（其社今向在二大瀬村一。〇豐雷賣命。案雷字可レ疑。（風土記山香郷有二豐玉比咩神社一。和名抄有二豐國郷一頗可レ思。〇御子神社。圄神下。更有二神字一。圄圄无。〇芽原。圄波木波良）。清和實錄（貞觀二年十六

御祖《ミオヤ》神社
矢奈比賣《ヤナヒメ》神社
周知《スチ》郡三座。並小。
芽原川内神社
馬主神社
山名《ヤマナ》郡四座。並小。
山名《ヤマナ》神社
嶋名《シマナ》神社
佐野《サヤ》郡四座。並小。45オ
眞草神社
阿波波神社
城飼郡二座。並小。
奈良神社

御子神神社二座（九ク神一字无）44ウ
須波若御子神社
小國《ヲクニ》神社
許禰神社
郡邊神社
己等乃麻知神社（祚大己貴命也）
利神社
比奈多乃神社

一二八

延喜式神明帳

「延喜式」は平安時代中期の延長5年（927）成立の法制書。このうち巻九・巻十では全国の神社を紹介しており、その部分を「神名帳」と呼んでいる。

（写真：Wikipediaより）

「四座」と書いてあります。「座」は神を数える時の単位です。「佐野郡四座」とは、「佐野郡」では「四座」つまり四つの神を祀っている、4つの神社がある、ということです。

眞草《まくさの》神社、己等乃麻知《ことのまちの》神社、阿波波《あははの》神社、利《としの》神社の4社がそこに記載されています。

注目したいのは、挙げられているのが神社の名前だけであるということです。多くの場合、地名に由来する名称です。どの神が祀られているのかということは、ほとんど書かれていません。

神の数え方は、今は、「座」よりも「柱」が一般的ですが、神社によっては1柱の神ではなくて2柱の神、またはそれ以上の神を祀っているところもあります。

その詳細、つまりどういう神を祀っているのかということは、『延喜式神名帳』にはほとんど出てきません。

これは、一体どういうことなのでしょうか。

今の感覚では、神社とは、それぞれ固有の神が祀られている場所のことです。ところが『延喜式神名帳』には神社の名前だけが挙げられています。一体どういうことなのか、このあたりもなかなかに注目されるところなのですが、これもおいおいお話をしていくことになります。

今のところは、『延喜式神名帳』という神社の名簿が古代につくられていて、ここに記載されている神社はとても重要であるということをおさえておいていただければよいと思います。

重要ということの意味は、要するに権力を掌握した大和朝廷が、『延喜式神名帳』に掲載されている神社で神を祀っていたということです。

明治維新で大きく変化した神社

なぜ、「神宮」が増えていったのか？

「神宮」という言葉あるいは存在は、その後、変化していきます。特に明治維新後、近代と呼ばれる時代になってずいぶん変わりました。その時代で、神社にまつわるいろいろなことが変化したのです。

明治政府は、当初の時点では天皇を政治の中心に据えて、天皇が直接日本の国を支配する体制をつくろうとしました。

これを「天皇親政」と呼びますが、それにともなって、古代と同じように神社というものを重要なものと位置付けようとしました。

近代社会をつくるために神社というものを中心に置くというのは、いささかアナクロニズムなところ、時代錯誤的なところがあり、結局はうまくいかないことがいろいろ出てきます。

このあたりのことも、おいおいお話しすることになるかと思います。

時代が明治に変わったとき、天皇や皇室の祖先神を祭神とする神社の一部が改めて「神宮」と呼ばれるようになりました。

古代には、『日本書紀』や『延喜式神名帳』に書かれている通り、ごく限られたところだけが神宮だったのですが、明治になって、神宮と呼ばれるものがかなり増えていくことになります。

例えば、113年創建とされる熱田神宮（愛知県名古屋市熱田区）、八幡神を祀る社の総本宮である宇佐神宮（大分県宇佐市）、天孫降臨の神話に深く関係している霧島神宮（鹿児島県霧島市）などは、明治以降、天皇による神宮号宣下で「神宮」と呼ばれるようになりました。

また、明治以降に創建された神宮もあります。それには、天皇を祭神として祀っているものが多く、例えば橿原神宮（奈良県橿原市）は神武天皇とその皇后を祭神として１８９０年に創建され、平安神宮（京都府京都市左京区）は桓武天皇を祭神として平安京遷都１１００年記念の１８９５年に創建されました。

明治神宮は、明治天皇と昭憲皇太后を祭神として１９２０年に創建されています。２０２４年は昭憲皇太后の崩御後１１０年にあたり、同年４月、雅子皇后、愛子内親王、秋篠宮紀子妃、佳子内親王をはじめとする皇族の女性たちが、明治神宮に参拝してニュースにも取り上げられました。

明治以降は、政治体制が変わったことによって天皇の重要性が高まった、あるいは意図的に高めたことによって「神宮」というものが増えていったことになります。ずっと神宮と呼ばれてきたものもあれば、途中から神宮と呼ばれることになったものもあるということになります。

第二章

「祭神」とは何か

祭神の3つの分類

誰でも死後に神として祀ってもらうことができる?

神宮あるいは神社に祀られている神のことを「祭神」といいます。祭神は多数あり、分類するのもなかなか難しいのですが、簡単に言えば、次の3つにわかれると理解しておいてください。

分類の1つ目は、『古事記』や『日本書紀』に記されている、要は神話に登場する神々です。天地が開闢《かいびゃく》して最初の頃にいろいろな神が生まれます。イザナギとイザナミが生まれ、イザナギとイザナミからアマテラス、スサノオ、ツクヨミの神などが生まれ、そこからさらに多くの神々が生まれていきます。そうした神の流れから最終的に神武天皇が現れたという形になっていくわけですが、この『古事記』や『日本書紀』に登場する神々を祀っている神社が全国には鎮座しています。

先に触れた大宮氷川神社の場合、祭神は、今は、須佐之男命《スサノオノミコト》、稲田姫命《イナダヒメノミコト》、大己貴命《オオナムチノミコト》です。

「今は」と言ったのは、まず『延喜式神名帳』では、一座とされていますから、祭神は一柱だったはずです。その後祭神の数が増えていくのですが3柱の神を祭神としてあげているのは、まだ江戸時代の１８３３年に当時の神主が記した『氷川大宮縁起』においてでした。

氷川神社の本来の祭神が何かについては、古来議論が重ねられてきました。

スサノオはアマテラスの弟です。アマテラスについては、一般的には女神とされてきましたが、男神であるという主張もあります。ただ、アマテラスがスサノオに向かって、「我が弟」と呼びかける箇所があるので、それによって女神であるとされています。ただ、女神である証拠はそれだけです。スサノオの前にアマテラスが武装して現れることもあり、それをもとにして男神説が唱えられてきました。

大宮氷川神社の近く、さいたま市浦和区には神明神社があります。氷川神社に比べて規模ははるかに小さいのですが、神明神社の祭神はアマテラスです。日本神話に登場する神々が神社の祭神になっているわけですが、ここで疑問が出てくるかもしれません。

アマテラスは伊勢神宮に祀られているのではなかったのか？　なのに、なぜ浦和の神社でも祀られているのか？　アマテラスは１人なのか？　それとも２人いるのか？　といった素朴な疑問が生まれてくるはずです。

神明神社というのは、浦和だけではなく全国にあります。東京だと芝大神宮や東京大神宮でアマテラスが祭神として祀られています。

これは、神社の場合「勧請」ということがあるからです。それによって、祭神が分霊され、各地で祀られていくのですが、勧請については後に詳しく説明します。

さて分類の２つ目は、日本神話に登場しない神々を祀る神社です。

日本神話に登場しない神々として、代表的なものに八幡神や稲荷神があります。

いずれも神社としては非常に数が多くなっています。

私は以前、『なぜ八幡神社がいちばん多いのか』（幻冬舎新書）という本を書いたことがあります。日常的には「はちまんさま」などと呼ばれますが、八幡神社は日本中のどこにでもあります。

多くの神社をその傘下におく神社本庁の調査では7817社が確認されています。ただ、それがすべてではなく、全国に1万社以上はあるものと考えられます。

稲荷神は「おいなりさん」と呼ばれます。稲荷神が祭神として独立している神社もありますが、そうでない他の神社においても、境内のなかに稲荷社があることが少なくありません。稲荷社がない神社の方が少ないくらいです。複数の稲荷社が祀られている場合もあります。

赤い朱塗りの鳥居が幾重にも重なった千本鳥居がシンボルになっているので、稲荷神社は一目でわかります。ビルの屋上や屋敷の一角に稲荷神が祀られていることも多くあります。

ビルの屋上の稲荷神社のような私的な神社、いわゆる屋敷神は数えようがありません。屋敷神の一覧のようなものは存在しないので、正確な数はまったくわかりません。境内にあるものや屋敷神を入れると、神社の数としてはおそらく稲荷神社が日本で最も多いことでしょう。

分類の3つ目は、人が神として祀られている神社です。例えば明治神宮には明治天皇夫妻が祭神として祀られています。

天皇の場合、もともとは神の系譜に属しているとされていますが、あくまで人です。明治神宮は、人間であるところの明治天皇夫妻を祀っている、ということです。

他にも、例えば東京都港区赤坂にある乃木神社は、帝国陸軍の大将だった乃木希典を祀っています。乃木大将は明治天皇が亡くなったときに、日露戦争で軍旗を奪われた責任をとって、妻とともに自刃しました。

これは当時の社会に衝撃を与える出来事で、夏目漱石が小説『こころ』のなかでふれていますし、森鷗外もそれに触発されて、『興津弥五右衛門の遺書』という小説を書いています。

千代田区九段北にある靖国神社では、明治維新の際の志士たちをはじめ、明治以降の対外戦争において戦死した軍人あるいは軍属を祀っています。その数は、246万6千余柱に及んでいて、これだけ多くの祭神を祀っている神社はほかにありません。

京都には豊臣秀吉を祀った豊国神社がありますし、栃木県日光市には徳川家康を祀った日光東照宮があります。

この二つの神社は、それぞれの祭神の死後すぐに創建されたものですが、織田信長を祀った京都の建勲神社は明治になって生まれたものです。

こうした人を祭神として神社に祀るというやり方は近世以降に生まれます。それ以前に人を祀る場合には、京都の北野天満宮が代表するように、怨霊となった場合に限られました。

近世以降は、むしろ故人を顕彰する意味合いが強くなっていきます。

実は、誰でも、死後に神になることができます。神として祀ろうという人があれば、亡くなった人をいくらでも神として祀ることができるからです。私はよく冗談めかして言うのですが、神として祀られたいと思ったら、遺言状に自分を神として祀るようにと書いておけばいいのです。どこからも許可はいりません。実際にそうして神として祀られている人たちもいるのではないでしょうか。

最近の例としては、悲劇的な死を遂げた安倍晋三元首相を祀った神社が生まれました。２０２３年に、長野県下伊那郡阿南町に「安倍神像神社」という神社が創建されたのです。

神像と晋三をかけているわけで、駄洒落のようでもありますが、多くの政治家と交流を持ち、安倍元首相と同郷の宮司が創建しました。そこには、高さ3メートルほどの安倍元首相の銅像が祀られる予定です。これが最も新しい例ではないかと思います。

安倍元首相に限らず、他の歴代の首相も神として祀られています。吉田茂元首相は、大磯にある旧吉田邸内の七賢堂に神として祀られています。七賢堂は、伊藤博文が自らの邸宅である滄浪閣に建てた「四賢堂」にはじまり、当初は岩倉具視、大久保利通、三条実美、木戸孝允の4人を祀っていましたが、伊藤が亡くなって移転し、その後には伊藤博文と西園寺公望、そして吉田茂が加えられ、七賢堂となりました。

神として祀られる人は、政治家ばかりではありません。京都府京都市伏見区にある伏見稲荷大社には、作家の阿佐田哲也が「阿佐田哲也大神」として祀られています。それは、かなり立派な神社になっています。

阿佐田は、『麻雀放浪記』をはじめ、数々の麻雀小説のヒットで知られる作家です。阿佐田哲也大神は、新日本麻雀連盟という団体が麻雀普及のために１９９６年に建立したものです。例祭も毎年行われています。私も阿佐田哲也大神を訪れたことがあります。

日本には八百万の神がいると言われますが、実際、神の数というのはどんどん増えています。減ることはなく、これからも増えていく可能性があります。

最近、「推し」という言葉をよく聞きます。ファンということでもありますが、推しを神として祀るようになったりすると途端に増えていくことになるでしょう。湘南には、サザンオールスターズに関連した「サザン神社」もあります。正式な神社ではなく、サザンオールスターズのメンバーを祀っているというわけではありませんが、将来それが本物の神社になっていくかもしれません。

鹿島神宮の祭神「タケミカヅチ」

多くの名前を持つ神もいる

ここでは、前章で挙げた日本最古の神社とされている鹿島神宮の祭神について考えてみましょう。鹿島神宮の祭神は武甕槌大神（タケミカヅチノオオカミ。以下、タケミカヅチ）です。神話に登場する神ですので、れっきとした日本の神であると言ってよいでしょう。

Ｐ60の絵は、江戸時代後期に描かれたタケミカヅチの絵です。岳亭春信という浮世絵師が描いた『葛飾廿四将』の中の1枚です。葛飾というのは葛飾北斎のことで、岳亭春信が葛飾北斎門下の浮世絵師だったことを示しています。

タケミカヅチと片仮名で書いていくことにしますが、もちろん『古事記』や『日本書紀』では漢字で表記されています。ところが、次のように、漢字表記が『古事記』と『日本書紀』とでは違いますし、『古事記』と『日本書紀』それぞれの中でさえ複数の表記があります。

『古事記』
・建御雷《たけみかづち》之《の》男神《おのかみ》
・建御雷神《たけみかづちのかみ》
・別名／建布都神《たけふつのかみ》、豊布都神《とよふつのかみ》

『日本書紀』
・武甕槌神《たけみかづちのかみ》
・武甕雷神《たけみかづちのかみ》

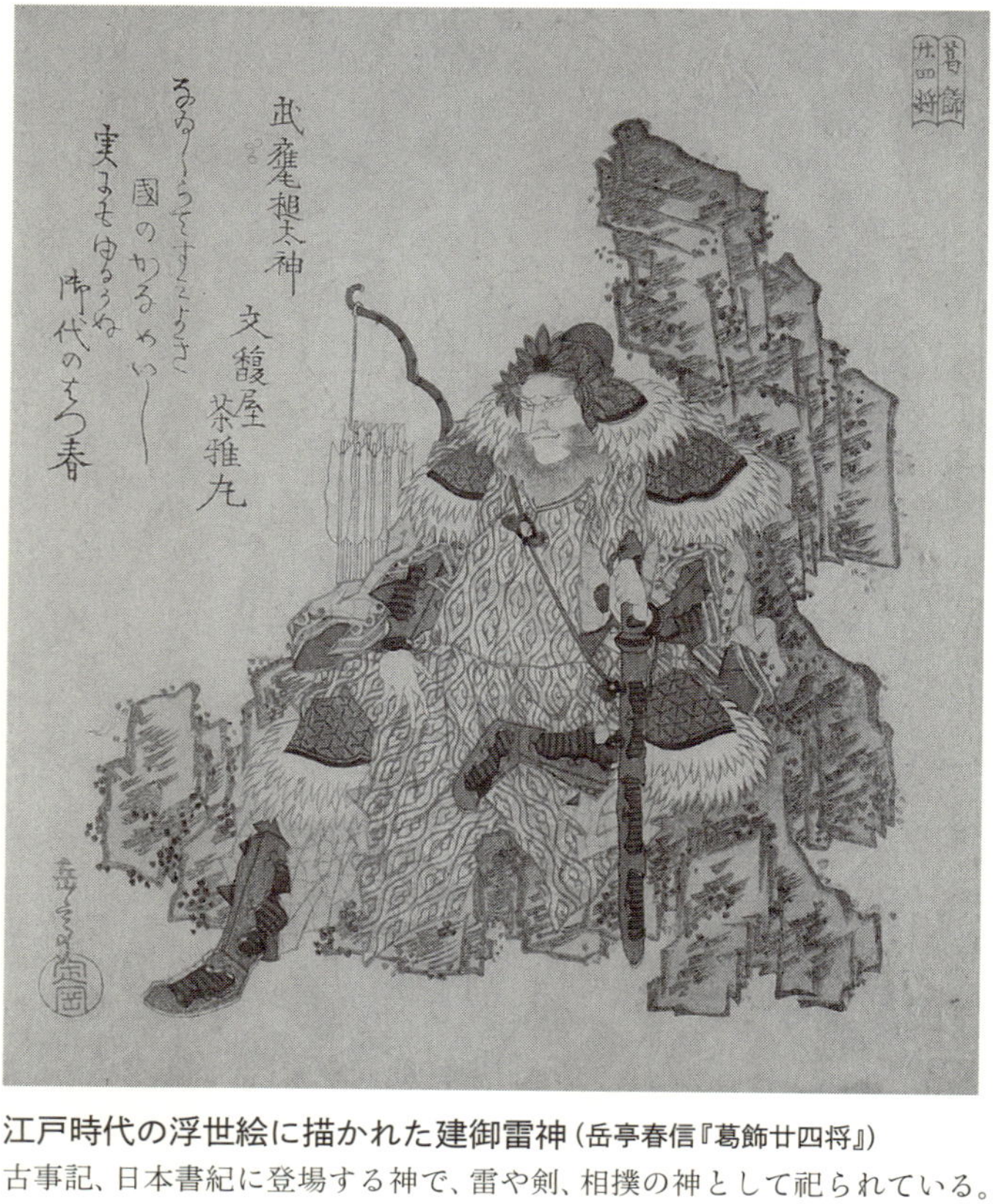

江戸時代の浮世絵に描かれた建御雷神（岳亭春信『葛飾廿四将』）
古事記、日本書紀に登場する神で、雷や剣、相撲の神として祀られている。
（写真：Wikipediaより）

『古事記』では、最初に使われる「建御雷之男神」という表記には「建」の字と、「雷」の字が入っていて、「男」という字も入っています。ところが、『日本書紀』の方はまったく違います。

しかし、これはすべて同じ神、タケミカヅチのことです。タケミカヅチに限らず、『古事記』の中でも『日本書紀』の中でも、1柱の神がいろいろな名で呼ばれ、また、いろいろな漢字で表記されています。

『教養として学んでおきたい神社』（マイナビ出版）という、私が書いた非常に薄くて手軽で読みやすい本があります。神社について簡単に知りたいというときには最適な本だと私は思っていますが、こうした入門書的な本を書くときに難しいのが、ここに見られるような神の漢字表記の問題です。

ちなみに『教養として学んでおきたい神社』は、ごく最近、ある特定の書店でものすごく売れました。ＪＲ中央線の御茶ノ水駅の近くに丸善書店・お茶の水店があります。ここに行きますと、『教養として学んでおきたい神社』がずらりと並んでいたことがありました。２０２２年の実績では、その店では新書の中で2番目に売れたそうです。年間で５００冊ほど売れたようです。全国すべての書店で２番目だったら私は今ごろ大金持ちになっていたことでしょう。

『教養として学んでおきたい神社』のような本を書くとき、神の名前を漢字で表記しようとすると、どの漢字表記を使ったらいいのか、また、使うべきなのかという問題が出てきます。そこで、最近では、本の最初のところでそうした事情を説明して、最初は漢字を使い、以降は多くの場合、カタカナで表記するというやり方を採っています。

カタカナ表記の方が読みやすいという編集者の意見もあったのでそういう形を採っていますが、とはいえ漢字は意味を持っています。したがって、どうしてもその漢字を使って説明しなければならない場合も出てきます。

そうした漢字表記のこともありますが、例えばオオクニヌシのように、名前そのものがいろいろとある神もいます。それは、複数の神が一つに統合されたからなのでしょうが、神というものはなかなかに捉えにくいものなのです。

『古事記』と『日本書紀』で異なるタケミカヅチの活躍

日本書紀から消された出雲神話の謎とは？

タケミカヅチは、いわゆる、出雲の「国譲り神話」に登場します。「国譲り神話」は、『古事記』と『日本書紀』の両方で語られています。そこでは、神々が次々と生まれ、日本の国がどのように造られたか、ということが書かれているのですけれども、その内容にはかなりの違いがあります。『古事記』と『日本書紀』の最後の「き」を合わせ、記録の「記」と紀元の「紀」を使って『記紀』というふうにひとくくりにして呼ばれることが多いのですが、実はその内容はかなり違います。『古事記』の中では出雲の話が大きく取り上げられていますが、『日本書紀』では出雲についてはあまり詳しく述べられていないというのが最も大きな違いです。

これは、大きな謎とされています。三浦佑之さんは、神話について数々の著書も発表されていて、『出雲神話』（講談社）という大著では、『日本書紀』では、『古事記』にある出雲についての神話が欠けていることについて詳しく論じていますが、それは大きな謎であるのです。

『古事記』と『日本書紀』では、他にもいろいろと違いがあります。

神武天皇以降の話が、『日本書紀』には非常に詳しく書かれています。その時代にさほど重要な出来事が起こっていない天皇に関しては、数人分まとめてありますが、基本的には天皇1代当たり1巻ずつの分量が割り当てられています。重要な天皇になると、天武天皇のように2巻を使って書かれている場合もあります。

『日本書紀』では、最初の部分に「神代」として神話が語られていますが、天皇の物語、つまり代々の天皇の時代の歴史というものが『日本書紀』では大部分を占めています。

『古事記』では天皇のことも出てきますが、あまり詳しくは述べられていません。『古事記』と『日本書紀』は、極めて近い時期に成立しています。708年に『古事記』が成立し、『日本書紀』の成立は720年です。8世紀の初め、ごく近接した時代にできあがっています。

『古事記』と『日本書紀』とでは、成立が12年しか離れていないのです。近接した時代にどうして、こうした2つの書物が必要だったのか、また、『古事記』と『日本書紀』の性格の違いはどうなっているのかということも大きな謎です。はっきりとした理由はわかっていません。それは、他に史料がないからです。

二つの書物では、使われている文章の形式も違います。『日本書紀』は正規の漢文で書かれています。ところが、『古事記』のほうは正規の漢文で書かれていません。『古事記』の文章は、一般の漢文のように、読み下しができるような形にはなっていないのです。そのため、後世になると、『古事記』は読めなくなってしまいました。

何が書いてあるのかわからない、という状態を何とか読めるようにしたのが、江戸時代の国学者・本居宣長《もとおりのりなが》（1730〜1801年）でした。本居宣長という人は生涯をかけて『古事記』を研究し、1798年にそれをまとめて『古事記伝』という注釈書を書き上げました。

本居宣長の研究がなければ、その後の『古事記』についての研究はかなり大変だったのではないかと思います。その成立からおよそ1000年後に、あらためて本居宣長のような人物が現れなければ、『古事記』は読めないままだった可能性もあります。

そうした経緯を持つ『古事記』ですが、その中で、「国譲り」に関して『日本書紀』とは違うことが書かれています。『古事記』の場合、タケミカヅチが高天原から出雲の地に降臨するのですが、その相方として「天鳥船《アメノトリフネ》」が登場します。

これは神の名前ですが、「船」と出てきますから、タケミカヅチは船に乗って出雲の地に至ったに違いありません。

タケミカヅチは、出雲の国を支配しているオオクニヌシに対して、国を明け渡せという要求を突きつけます。

よく考えてみるとひどい話です。出雲の国は、オオクニヌシがスクナヒコナの神やオオモノヌシの神と一緒に国造りに励んでようやくできた国です。それを天から降ってきた神が、いきなり、ここは自分の土地だと言いはって領有権を主張してきたわけです。

まるでロシアのウクライナ進攻のような話ですが、「国譲り神話」はそういう物語になっています。アマテラスを中心に高天原の神々が相談し、オオクニヌシに対して、「出雲は自分たちの国だから譲れ」という交渉を行うことに勝手に決定したのです。そこで出雲に派遣されたのがタケミカヅチでした。

交渉にあたってオオクニヌシは、自分の判断では国を譲るわけにはいかない、子どもたちに聞いてくれと言います。オオクニヌシには、2人の子どもがいました。

その1人がタケミナカタという神です。タケミナカタはタケミカヅチと力比べをします。強いほうが支配者となるわけですが、タケミカヅチはタケミナカタに勝ちます。

負けたタケミナカタの神は出雲から逃げ出し、今の長野県にある諏訪湖まで追い詰められます。タケミナカタはそこで降参をするわけですが、タケミナカタはそのままその地に鎮座し祀られて、諏訪大社ができたという話になっています。

一方、『日本書紀』には天鳥船は出てきません。タケミカヅチと一緒に国譲りの交渉のために降ってくるのは経津主大神（フツヌシノオオカミ。以下フツヌシ）です。

フツヌシは香取神宮の祭神です。これが、「鹿島・香取の両神宮」というふうに並び称される1つの大きな要因になっています。

タケミカヅチとフツヌシはオオクニヌシと国譲りの交渉を行います。ただし、『古事記』にあるタケミナカタとの力比べといった話は、『日本書紀』には出てきません。

全体に『古事記』の方が神話の部分においてはエピソードが豊富です。『日本書紀』の方は歴史書としての体裁を整えるという形をとっています。

神代については、異なる伝承があるときには、本文のほかに「一書」という形で、そうした伝承も載せています。諸説ありというわけです。一書がいくつも並んでいることもあります。その分、ドラマ性ということでは、一貫した物語になっている『古事記』の方がはるかに勝っています。

『古事記』と『日本書紀』の性格の違い

知られざるヤマトタケルの謎とは？

日本古代の伝説で有名なもののひとつに、ヤマトタケルの物語があります。ヤマトタケルは、第12代景行天皇（在位71〜130年）の皇子で、上に兄がいました。

ヤマトタケルというのは、日本古代の一大ヒーローです。その知名度の高さは今でも変わっておらず、例えば『スーパー歌舞伎 ヤマトタケル』という作品は、哲学者の梅原猛《うめはらたけし》が脚本を書いたもので、1986年の初演ですが、現在も引き続きロングラン上演されています。

ヤマトタケルの物語は『古事記』にも『日本書紀』にも出てきます。しかし、設定がまったく違います。『古事記』では、ヤマトタケルは三人兄弟の末っ子です。『日本書紀』では双子の兄弟とされています。

『古事記』では、ヤマトタケルはかなり残虐な性格に描かれていて、なんと兄を殺してしまいます。しかも、手足をもぎ、薦《こも》に包んで投げ捨ててしまうのです。

そのため、父親の景行天皇はヤマトタケルのことをひどく恐れるようになるというところから物語はスタートします。

ヤマトタケルが近くにいると自分の命も地位も危うくなるだろうということで、景行天皇は、ヤマトタケルに対して各地を征服してくるように命じて送り出します。勝利して戻ってくると、また別の所に送り出してしまうのです。

そのため、ヤマトタケルは、自分は父親に愛されていないと思うようになります。名作映画『エデンの東』の主人公のようですが、『エデンの東』の場合には旧約聖書のカインとアベルの物語が下敷きになっています。ヤマトタケルも、父親に愛されたいのに愛してもらえない悲劇の主人公として、『古事記』では描かれているのです。

一方、『日本書紀』の方では、ヤマトタケルが兄を殺したという話は出てきません。ヤマトタケルは、父親である景行天皇の命令に忠実に従って各地を征服した存在、つまり英雄として描かれています。

『スーパー歌舞伎 ヤマトタケル』のストーリーは、『古事記』の方に寄っているのですが、それも『古事記』では悲劇的な主人公であるのに、『日本書紀』ではそうなっていないからです。

全体としても、『古事記』の方が、物語性という点で、いろいろと興味深いところがあります。

鹿島神宮とナマズ

日本人は天災とどのように付き合ってきたか？

神というものは、時代によっていろいろと姿を変えます。江戸時代になると、鹿島神宮にまつわるものとしてナマズが登場します。

「鯰絵《なまずえ》」と呼ばれる絵があります。安政２年、１８５５年10月２日の夜に江戸を襲った安政大地震の後に、盛んに出版されたナマズを描いた錦絵です。当時は、ナマズが地震を起こすと考えられていました。

この鯰絵にタケミカヅチが登場します。

タケミカヅチ

地震を起こす大鯰を御する存在として描かれている。

（写真：Wikipediaより）

タケミカヅチが地震を起こすナマズを抑えこんでいる絵です。これによって、タケミカヅチは、地震を鎮める神であるという物語が流布することになりました。

鯰絵は他にも数多く描かれました。外国にも鯰絵の研究者がおり、オランダの文化人類学者のコルネリウス・アウエハントが1970年代末に発表した本が『鯰絵―民俗的想像力の世界』（小松和彦・中沢新一・飯島吉晴・訳、岩波書店）という700ページ以上もあるもので、その後岩波文庫にもなっています。『鯰絵―民俗的想像力の世界』でも取り上げられていますが、興味深いのはこの鯰絵に描いているものです。

地震が起こることによって建物が倒壊します。倒壊した建物は建て直す必要があります。すると、大工さんにとっては仕事が増えることになります。

つまり、地震が起こると大工さんが喜ぶといったところを風刺的に描いたのが、この鯰絵です。鯰絵には他にもいろいろなものがあるので、探してみると面白いかもしれません。

鯰絵に登場するタケミカヅチは、地震を起こすナマズを抑えこんでいるわけです

要石
地上に出ているのは巨大な要石のごく一部で、徳川光圀公が七日七晩掘らせても掘り出せなかったとされている。（写真：鹿嶋市HPより）

現在の要石
鯰絵に描かれている地震を引き起こす鯰の頭を押さえているとされている石。（写真：鹿島神宮HPより）

が、鹿島神宮には「要石《かなめいし》」があり、この石が実際にナマズを抑えていると考えられてきました。

この要石は、見た目は小さいのですが地中部分は大きくて、決して抜くことはできないと言い伝えられています。地上に出ている部分は、ほんの一部であるということです。

水戸黄門として知られる徳川光圀が掘り出そうとして掘り出せなかったという逸話も残っていますが、本当に掘り出した人はいないだろうと思います。時にはこういうものを掘り出そうとする、いたずら者が現れたりしますが、それで地震が起こったとしたら、大変なことになります。

鹿島神宮の周辺、つまり霞ヶ浦一帯は、地震が多い地域です。大きいものでは、1895（明治28）年にはマグニチュード7・2、1921（大正10）年にはマグニチュード7・0の地震がこのあたりを震源として発生しています。

日本は地震大国です。世界で起こる大規模な地震の10分の1が日本で起こります。地震はどうしようもない、防ぎようのない災害です。そういう国ですから、古来、地震にまつわるナマズの話や要石といったものが登場してきたわけです。

天変地異や災害、疫病といったものと神への信仰は深く関連しているわけです。こうした点もおいおい詳しくお話していきますが、神というものは二面性を持っています。

粗末に扱っていると祟りを引き起こします。疫病などをもたらすのです。従って、丁重に祀っておかなければならないのですが、そうすると次第に鎮まってきて、今度はご利益を与えてくれる存在に変わってきます。

例えば、京都市上京区にある北野天満宮はもともと菅原道真の怨霊を祀って鎮めるためにできたものです。ところが北野天満宮は、現在になると、受験成功のご利益のある神として信仰されるようになっています。

要するに、神には「祟り」と「ご利益」の二つの面があるわけです。ただし、今になると、長年私たちが祀り続けてきたせいでしょうが、祟るという側面はかなり希薄なものになっています。しかしこれは、現代に生きる私たちがそう思っているだけのことかもしれません。

今はご利益の面というものが非常に強調されていますが、神というものを考える時には、「祟り」の面に対して注意する必要があります。

すでに述べましたように、朝廷の行う政治の重要な課題は「神を祀ること」にありました。

神というものをしっかりと祀らないと天変地異が起こってとんでもないことになるという認識があったわけです。それによって、祭りごとが政治の一番の課題になりました。祭祀としての祭りごとは、政治としての政《まつりごと》でもあるのです。

昔は「香島」だった鹿島

藤原氏の祖は本当に常陸の国と関係しているのか？

なぜ鹿島神宮にタケミカヅチが祀られているのでしょうか。残念ながら、その点がよくわからないのです。

なぜなら『古事記』にも『日本書紀』にも、鹿島神宮についての記述がないからです。

『古事記』や『日本書紀』に、タケミカヅチが鹿島神宮に祀られるまでの経緯というものが記述されているのであればわかります。ところが、タケミカヅチは確かにいろいろな働きをしていますが、その活躍の舞台は常陸の国とは関係のない場所です。タケミカヅチと常陸の国の関連性がどうなのかは、非常に大きな謎なのです。

奈良時代から平安時代の政治の中枢を担った藤原氏の祖、中臣氏は常陸の国と深い関係があるとも言われるのですが、これもよくはわかっていません。

「鹿島」は、昔は「香」る「島」と書きました。『常陸国風土記』には「香島」と表記されています。

『常陸国風土記』は、713年といいますから『古事記』や『日本書紀』の編纂と同時代に第43代元明天皇がまとめさせた、諸国の産物・地形・古伝説や地名の由来などを記録した『風土記』のなかの一書です。

それぞれの地域がどのようになっているのか、中央の大和朝廷が把握しておこうということで、各国からそれを報告させたのです。

『風土記』は現在、全部は残っていません。欠損はあってもかなり残っているのが常陸、播磨、豊後、肥前国の5か国の分で、ほぼ完全に残っているものとしては『出雲国風土記』があります。『常陸国風土記』も幸いなことにかなりの部分が残っています。

ただし、一部しか残っていないものが30数か国分あります。一部しか残っていないということの意味は、他の文書に引用されて残っているということです。これを「逸文《いつぶん》」といいます。実物は残っていないけれども、実物から引用したものがあちこちの文書に残っているわけです。

その『常陸国風土記』の中に、鹿島はもともと香島と表記されていたということが出てきます。

鹿島を「鹿」の「島」と表記した初見は『続日本紀《しょくにほんぎ》』です。『続日本紀』は『日本書紀』の後、797年に作られた正史の一つです。『続日本紀』もこれから本書によく出てくる歴史書になります。

「鹿島」という表記は、この『続日本紀』の養老7年11月16日の条が初見です。地方官吏の任命に関する記事のなかで、「常陸国鹿島郡」と書かれています。西暦でいえば723年の記事です。

この年号というものも、歴史の話をする時にはたいへん難しい問題になります。

グレゴリウス歴やユリウス歴など、西暦というのも途中で変わってくるからです。日本の元号と西暦の関係を見ると、日にちに関しては重なっていません。太陰暦か太陽暦かということで、どうしてもずれてきます。『続日本紀』の記事について、最初に養老7年と書いて、西暦を後に入れているのは、日にちに関しては養老7年、つまり元号で言った場合の月日が11月16日であるという意味です。

これを逆に書いてしまうと、間違いになります。

また、先に養老7年11月16日の「条」と書きました。「条」というのは簡単に言えば項目のことで、その日の出来事が書かれています、という意味です。「条」もまた史料にはよく出てくる言葉です。

当初、「香」る「島」と書かれていた鹿島が、途中で「鹿」の「島」に変わります。それによって、「鹿」というものが重要な存在にもなってくるわけです。

神の使いとしての鹿という考え方があります。「香る島」から「鹿の島」への変更というのは、鹿島神宮において神の使いとして鹿が位置付けられたことに由来す

鹿園

鹿島神社の中にあり、国造り神話において鹿は神の使いとされた鹿が飼育されている。

（写真：鹿島神宮HPより）

絹本著色鹿島立神影図

春日大社の縁起説話に基づいて描かれた絵で、神であるタケミカヅチが鹿の背に乗っていることから、鹿を神の使いとする由来の一つとされている。

（写真：奈良市HPより）

るのではないかという説がありますが、これもはっきりとはわかっていません。

鹿島神宮では現在、30数頭の鹿が飼育されているそうです。

鹿が神のお使いであることを示す絵が、さまざまに描かれています。前頁の奈良県奈良市春日野町にある、春日大社所蔵の『鹿島立神影図』は、その代表的なものです。

鹿の背に乗っているのが神であり、タケミカヅチです。神が鹿に乗ってやってくるというところを描いたのが、この神影図です。

古代と現在の地形の違いに注意

神社を取り巻く風景はどのように変わってきたか?

鹿島神宮は常陸国一宮、香取神宮は下総国《しもふさのくに》一宮と呼ばれます。一宮というのは、その土地や地域で最も格式の高い神社に付される呼称です。常陸国は今の茨城県で、下総国は千葉県です。

一宮というものは各国にあります。大宮氷川神社も武蔵国一宮です。武蔵国は、現在の埼玉県のほとんどの地域を占めていましたが、東京都や神奈川県も一部が含

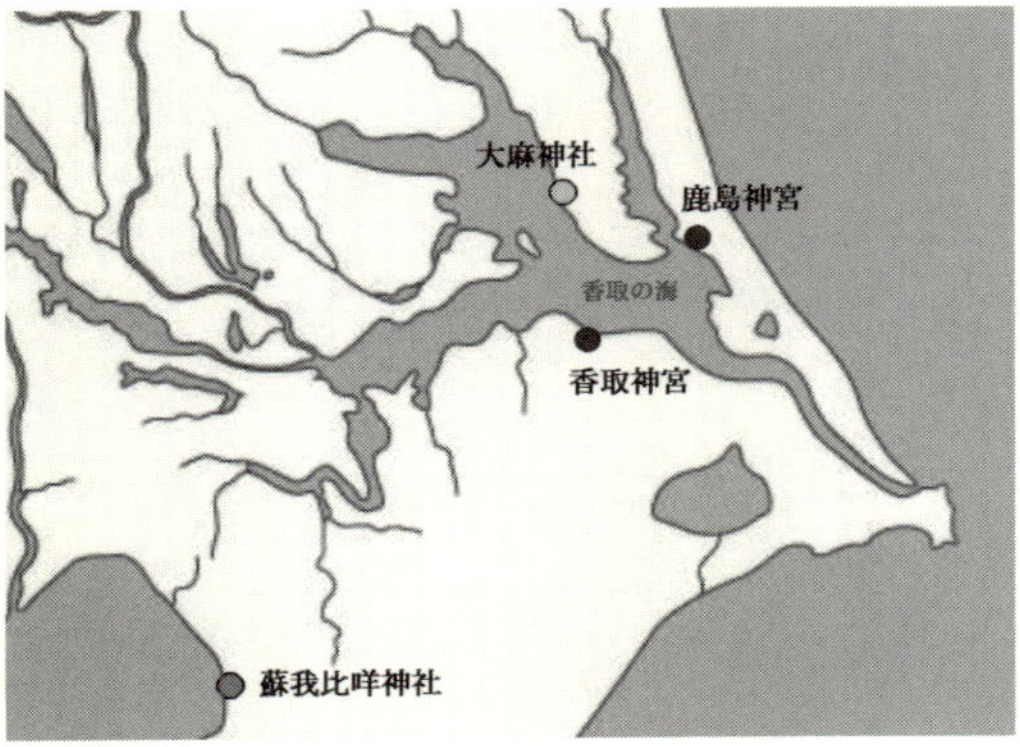

香取の海周辺の神社・神宮
(国土交通省資料より作成)

まれます。

各国に一宮が1つの場合もあれば複数の場合もあります。大宮氷川神社から少し離れたさいたま市緑区にある氷川女體神社も武蔵国一宮です。

一宮の後に二宮、三宮とあり、多いところでは九宮ぐらいまであります。ただしこの順列は、朝廷が定めたとか法令に書かれているといった類のものではありません。それぞれの地域で慣習にもとづいて、一宮やそれ以下の宮を定めているのです。

常陸国一宮の鹿島神宮と下総国一宮の香取神宮はとても深い関係にあります。なぜかというと、この2つの神宮がある地域の地形の変化が関係しています。

かつて、霞ヶ浦一帯には「香取の海」と呼ばれる内海が広がっていました。今の霞ヶ浦の辺りが、そっくりそのまま内海だったわけです。

最近、よく、「東国三社めぐり」ということがいわれます。主に観光案内などで関東の3大パワースポットなどといった文脈で出てくる呼称なのですが、鹿島神宮と香取神宮、そして茨城県神栖市にある息栖《いきす》神社が「東国三社」と呼ばれます。

私は最近、この息栖神社を訪れました。講演を頼まれて鹿島に行ったのですが、息栖神社はそのすぐ近くにありました。

講演を終えて時間があったので、講演の主催者の方に息栖神社に行きたいのですがと言うと、ちょっとけげんな顔をされました。「そんなにたいしたところじゃありませんよ」とおっしゃるのです。それでも行きたいと言って、車で連れていってもらいました。

東国三社めぐりは今とてもブームで、バスツアーも各社いろいろと用意されています。行ってみてわかったのですが、息栖神社は確かにそんなに規模の大きな神社ではありませんでした。

ところが、最近、人が増えてきたので駐車場を広げ、私が訪れたときにはまだ建設中でしたが、土産物屋もできるらしく、カフェなども併設されると聞きました。ブームに合わせて、慌ててそういうものがつくられています。

息栖神社は、もともとは鹿島神宮の摂社《せっしゃ》です。摂社というのは、基本的に本社に付属していて、その祭神と縁の深い神を祭った神社のことです。同じようなあり方で末社《まっしゃ》というものもありますが、格式としては摂社の方が上に位置するとされています。

神社のもとに、それと関連する摂社と、さほど関係はないが、何かの事情で祀られた末社があるわけですが、摂社と末社をどう区別するのかについては、これも難しいところがあります。息栖神社は、同じ常陸の国にある鹿島神宮の摂社であったことになるわけです。

東国三社という言い方は江戸時代から始まっています。息栖神社の鳥居横に石碑

息栖神社　本殿

鹿島神宮、香取神宮と並んで東国三社と呼ばれる神社。久那斗神を主神として祀っている。

・茨城県神栖市／JR成田線「小見川駅」よりタクシー（写真：息栖神社HPより）

息栖神社　鳥居

社号標に東国三社息栖神社と彫られている。

が建っていますが、これは大正時代に建てられたものです。

江戸時代から東国三社めぐりというものはあって、伊勢神宮に参拝した帰りに、お礼参りのために寄るという風習があったようですが、その後、衰えてしまい、観光的なブームになったのはここ最近のことです。

3社をめぐるというのは、バスツアーとしては手軽で、ちょうどよいので、目玉になってきました。それにつれて、息栖神社は東国三社を強調するようになってきましたが、鹿島神宮や香取神宮は、何しろ歴史が古いですから、必ずしもそれを強調していないかもしれません。

ところで、関東の地は昔と今とでは相当に地形が違います。江戸時代には、幕府によって埋め立てが進みました。今の茨城県から千葉県あたりも埋め立てが進んで、かなりの部分、海の領域が陸に変わりました。

それ以前の時代には、こうした関東の地域というのは内海が広がっていたり、河川についても利根川や荒川といった規模の大きい川が、蛇行して流れていたりしたわけです。したがって、水害が起こりやすい場所でした。

こうした関東の土地柄は武蔵国一宮の大宮氷川神社という神社にも関係してきます。大きな川が流れているということが、この地域の重要な要素になるわけです。

今の霞ヶ浦一帯は「香取海」という内海であったわけですが、その内海を隔てた両側に鹿島神宮と香取神宮が鎮座する形になっていました。しかもこのロケーションには、歴史的に大きな意味がありました。

香取海は大和政権による蝦夷地《えぞち》進出の輸送中継地として機能したと言われています。鹿島神宮と香取神宮はその拠点となっていて、内海への入口をそれぞれが押さえていたのだというわけです。

古代には、蝦夷地が今の東北地方を指していました。蝦夷地進出の拠点として機能したことによって、鹿島神宮と香取神宮の分霊が、朝廷の権威を示す神として東北沿岸部の各地で祀られるようになったのです。

神社と都市

天智天皇は香島の地に何をつくったのか?

今の私たちは、神社というと、神が祀られていて、祈願をする場所であるというふうに考えます。しかし、昔の神社というものは、今で言えば「都市」と言ったほうが近い性格を持っていました。

蝦夷地進出の拠点とされたということの意味は、鹿島神宮と香取神宮それぞれを中心とした地域に、今でいえば自衛隊の基地ができあがっていたということです。

その自衛隊を守っていたのが、鹿島神宮と香取神宮の祭神です。神社というものは、それだけの重要性を持っていました。

内海の際に存在するということは、船を使うことができるということです。人についても物資についても、何かしら輸送するときには非常に便利なロケーションです。そう考えた場合、今のイメージとはまったく違う神社の姿が立ち現れてくることになります。

そうした神社の姿は、『常陸国風土記』にも書き残されています。「香島の郡」の項に、「神戸《かんべ》は65戸である」と書いてあります。これだけでは何のことかわからないのですが、「神戸」とは神社に隷属する民戸、いわば一般人の家またはその家族のことです。神戸は、神田、つまり鹿島神宮が所有する田の耕作作業を行い、祭祀にも関わりました。

大化5年、６４９年に神郡として、後に鹿島という表記になる「香島郡」が成立します。第36代の孝徳天皇が香島郡を置いて、地域の神社を「香島の天の大神」としてまとめ、まず50戸の神戸を与えました。

神戸というのは、たくさんの家が鹿島神宮に対して寄進されるというシステムです。それぞれの家が育てた穀物や作物、あるいは金銭などが神社を維持するための資金として用いられます。つまり、大化5年、649年に行われたことは、香島郡自体が神郡という形で鹿島神宮の領地となったということです。

また、『常陸国風土記』には、《淡海《おふみ》の大津の朝（天智朝）に初めて使いの人を派遣して神の宮を造らせた。それ以来、修理を絶やさない》（『風土記』吉野浩・訳、平凡社）とあります。

第38代の天智天皇の時代、つまり662年から671年の間に、初めて天皇から勅使（使いの人）が遣わされて神の宮が造営されたということですが、この「造営された」という部分が問題です。

天智天皇は何を造営したのかということです。一見、今の鹿島神宮のような社殿を造営したというふうに考えがちです。しかし、この場合は、平安京や平城京といったものと同じような、つまり都市を築いたと考える方が正しいのではないでしょうか。

天智天皇は香島郡に、さまざまな機能を果たしうる都市を造営したのです。あるいは、この場合、軍事基地がつくられたというふうに考えたほうがいいのかもしれません。

『日本歴史地名大系8茨城県の地名』(平凡社)という本の「鹿島神宮」の項には、《大化改新の新政で東国支配が強化されることなどを考えると、朝廷と神宮の関係は改新以降の神戸増設などを通じて発展し、同じく天智朝の社殿造営開始が大きな飛躍と考えられる》と書かれています。

しかし私は、造営されたのは社殿ではないと考えています。社殿ではなく、香島郡=鹿島郡という都市が造営されたのです。

鹿島神宮自体、領地をかなり持っているわけですから経済的に力を持つ香島郡という都市がここに形成されました。その都市の勢力が東国全体を支配するということにもなりますし、都市自体が、北方の蝦夷地、つまり東北地域を征服・制圧するという大和政権の軍事行動のための拠点ともなりました。

いわゆる、フロンティアの開拓のための拠点です。アメリカでフロンティアといえばどんどん西へと進んでいったように、日本の場合は、南の方から北の方に進出をしていきました。

古代大和政権においては、蝦夷地というものをいかに征服していくかということが大きな課題になっていました。『日本書紀』にも、各所にそのことが書かれています。

当時、蝦夷地と呼ばれた地域には、今日アイヌと呼ばれる人たちが住んでいました。そういう地域を開拓するためには軍事的な力が必要ですから、香島＝鹿島という地域がクローズアップされて、神郡香島郡に神の宮つまり都市を造営するということになっていったわけです。

神というものを中心にして政治が行われている時代ですから、当然、神を祀るということも、ここでは決定的に重要なことにもなります。鹿島神宮と香取神宮は歴史的にこういった性格を持っていたわけです。

第三章

春日大社の「鹿」の発祥は鹿島神宮？

春日大社と鹿島神宮の関係

鹿はなぜそこまで神聖視されるのか？

奈良県にある春日大社は、茨城県にある鹿島神宮と千葉県の香取神宮に深く関係しています。

2023年の春4月のことですが、私は、最初の週の日曜日から火曜日にかけて京都と奈良に行ってきました。かの有名な「吉野の千本桜」を見たことがなかったので、初めて見に行ったのです。

春日大社　中門・御廊

本殿の直前にある高さ約10mの楼門とそこから左右に伸びる御廊。現在は本殿の祭典で神職の座る場所となっている。

・奈良県奈良市／近畿日本鉄道「奈良駅」徒歩25分（著者撮影）

吉野というと一般的には吉野山から大峰山にかけての山々を指します。山裾から上の方まで桜が満開で、幸いなことに、絶好の景観のときに行くことができました。

その旅行の最後の日に、春日大社を訪れました。春日大社には何回か行ったことがあるのですが、あらためて全体を見直してみて、春日大社というのは極めて興味深い所だということを再認識しました。

その時に撮った写真を1枚、紹介しておきましょう。

ちょっと工夫を凝らしました。ちょう

ど鳥居の向こう側に鹿がいたので、鳥居を額縁にするような形で、神のお使いである神鹿を撮影してみたのです（次頁上写真）。

春日大社には、約３０００頭の鹿がいます。鹿せんべいをあげるとお辞儀をする、という習性を身につけている鹿がたくさんいます。

鹿島神宮によれば、春日大社の鹿の発祥は鹿島神宮であるということです。鹿島神宮にも鹿がいますが、数としては春日大社の方が圧倒的に多くなっています。

昔、鹿島神宮の鹿が大挙して春日大社まで行ったというのはちょっと考えにくいのですが、伝えられている話としては、先にお話しした『鹿島立神影図』にあるように、タケミカヅチの神が鹿に乗って鹿島神宮から春日大社に移っていったとされています。

タケミカヅチは春日大社の祭神の１柱になり、第１殿に祀られていますが、なぜそうなったのか、実はその関係がよくわかりません。

タケミカヅチは、白い鹿に乗って鹿島神宮から春日大社までやって来たとされています。旅に出ることをひと昔はよく「鹿島立《かしまだち》」といいましたが、鹿島立は、鹿島

春日大社の本宮神社遙拝所の鳥居とその向こうに写る鹿
（著者撮影）

春日大社の神鹿像
（著者撮影）

神宮から発祥している言葉です。
春日大社には神鹿の銅像も建てられています。２０２３年に、除幕式が行われたというたいへん新しいものです。

京都市左京区に、「細見美術館」という日本の古美術を中心に展示している美術館があります。そこに「金銅春日鹿御正体《こんどうかすがしかみしょうたい》」と呼ばれている、14世紀南北朝時代につくられた高さ１メートルほどの金工品があって、それが春日大社の神鹿の銅像の原型になっています。

鹿の背に銅で鋳造され鍍金を施した榊が立てられていて、それが大きな鏡板を支えています。

この鏡板には、仏の姿が描かれています。これが「御正体」で、神の正体が仏であることを示しています。その背景には、中世から近世まで続いた「神仏習合」の影響があります。日本の神は、仏教の仏が仮に姿を現したものだというのが「本地《ほんじ》垂迹《すいじゃく》説」で、これは、その考え方をもとにしています。

時代を経るにつれて姿が変わる神社

春日灯籠はいつ始まったのか？

神社に行かれた場合、拝殿の前に進んで、「二礼二拍手一礼」という作法に従って礼拝すると思います。この「二礼二拍手一礼」は、実は結構新しい習慣です。神社本庁が推奨することによって広まりましたが、江戸時代だと、地面に座り込んで拝みましたし、しゃがんで拝むということも、少し前まで行われていました。拍手を打つのではなく、合掌するという方は、今でも少なくないはずです。

それはそれとして、より重要な問題は、「本殿」というものに対する考え方です。そもそも、本殿に祭神が常駐しているという考え方がいつ生まれてきたのかが問題になるところです。そして、神社の境内全体を見まわしてみたとき、いったいそこに何があるのかも、かなり重要ではないのかと考えています。

本殿の周囲を隅々までご覧になると、いろいろなことがわかってきます。神社というのは不思議な空間で、古来、ずっと同じ姿をしているものではありません。歴史を経るにしたがって、新しいものがいろいろと付け加えられたり、あるいは撤去されたりして、今日の姿になっています。

例えば、春日大社の名物の1つである「春日灯籠」ですが、神鹿の銅像の後ろには灯籠が立っています。灯籠を寄進すること自体は平安時代から始まっていますが、この灯籠を寄進するという習慣が一般に広まったのは、江戸時代からと考えられます。ですから今のように約3000基もの灯籠が立ち並ぶようになったのは、江戸時代以降です。

春日大社の境内の、おびただしい数の灯籠が立ち並ぶ様子は見事なものです。灯籠ですから、照明としての機能をもちろん果たすわけですが、神にこういうものを捧げるという風習はなにより春日大社に対する信仰として生まれたものです。

江戸時代は、庶民も信仰の世界に深く関わるようになった時代です。寄進というのはそれをよく示している風習の1つで、いろいろなものが寄進されてきました。

昔は、神社やお寺を信仰するのは、朝廷や公家が中心でした。のちになると、そこに武家も加わってきます。朝廷や公家、武家は大土地所有者であるわけですから、神社やお寺には基本的に土地を寄進しました。

例えば奈良の土地です。大和の国と呼ばれていたこの地域は、鎌倉時代から室町時代にかけて、すべての土地が興福寺に寄進されていました。言ってしまえば、今の奈良県は興福寺だったのです。

興福寺は奈良市にある法相宗の総本山です。興福寺と春日大社は、ともに藤原氏の氏寺、氏神であるという点で密接な関係にあります。

江戸時代の庶民には、土地など寄進することはできません。もっと小規模の形で、灯籠や鳥居といったものを奉納、寄進しました。今でも同じことが行われています。

春日大社と興福寺

祭神たちの不自然な並びの謎

春日大社の祭神は「春日神《かすがのかみ》」と呼ばれています。そして、春日神は4柱の神からなっています。

春日大社のオフィシャルホームページには、次のように書かれています。

《神山である御蓋山《ミカサヤマ》（春日山）の麓に、奈良時代の神護景雲2年（768）、称徳天皇の勅命により武甕槌命《タケミカヅチノミコト》様、経津主命《フツヌシノミコト》様、天児屋根命《アメノコヤネノミコト》様、比売神《ヒメガミ》

様の御本殿が造営され御本社（大宮）として整備されました》

タケミカヅチは、ここまでに出てきた漢字表記とは違って「武甕槌命」です。これは『日本書紀』に従った表記の仕方だろうと思います。同じ神でも神社によって表記の仕方が違っていることはよくあるわけです。

タケミカヅチは鹿島神宮の祭神、フツヌシは香取神宮の祭神です。注目しておきたいのが天児屋根命（アメノコヤネノミコト。以下、アメノコヤネ）です。これは藤原氏の祖先神です。比売神《ヒメガミ》はアメノコヤネの妻にあたります。

となると、祭神としての並び方に、興味がひかれるのではないでしょうか。

歴史の教科書的に言えば、春日大社は、「768年に左大臣・藤原永手が藤原氏の氏社として春日山の主峰・御蓋《みかさ》山の山麓に創建した」ものです。

春日大社は藤原氏が創建したというふうに言われます。だとすれば、藤原氏の祖神であるアメノコヤネを先頭にもってきてもおかしくないはずですし、その方が自然とも思えます。

興福寺

京都山科の藤原鎌足私邸に建立された山階寺が前身。710年、平城遷都に伴い現在地に移転。その際に興福寺と名づけられ、奈良時代初期には四大寺の一つに挙げられた。

・奈良県奈良市／近畿日本鉄道「奈良駅」徒歩6分（写真：奈良県観光公式サイト）

ところがそうはなっていません。藤原氏の祖先であるアメノコヤネよりも先に、タケミカヅチとフツヌシが位置づけられています。これは、藤原氏にとって、自らの祖神よりもタケミカヅチとフツヌシの方が重要だという意味に違いないわけで、このあたりの関係性、上に何を置くかといったことにはたいへん興味深いものがあります。

興福寺の中金堂は、2018年、301年ぶりに再建されたということで話題になりました。昔の建築様式に従って再建された立派なお堂です。

中金堂とは、真ん中の金堂という意味であって、つまり本堂のことです。ということは、中金堂が再建されるまでの301年間、興福寺には本堂がなかったことになります。それまで、興福寺には仮のお堂はありましたが、正式な本堂はありませんでした。

興福寺は平城京遷都とともに創建されて以降800年ほどにわたって仏教界のみならず、政治の世界においても一大勢力を形成していた「南都北嶺《なんとほくれい》」の中心的存在でした。南都北嶺とは、興福寺と比叡山延暦寺のことです。

先に奈良県が興福寺だったというお話をしましたが、それだけ多くの土地を寄進され、力があったにもかかわらず、だんだんと力を失っていきました。

決定的だったのは、明治時代になって政府によって通達された上知令《あげちれい》や神仏分離令、それにともなって起こった廃仏毀釈《はいぶつきしゃく》の運動です。これによって興福寺は土地を奪われることになり、かなり力が衰えました。

たくさんの鹿がいる奈良公園も、もともとは興福寺の境内でした。そういうものもすべて政府に召し上げられてしまったわけです。地租という、税金をとるためでした。

正岡子規が、１８９５年（明治28年）に、《秋風や　囲いもなくて　興福寺》という句を詠んでいます。

今でも興福寺に塀はありません。この時代の興福寺は、塀を設けられないほど衰退していたということです。

春日宮曼陀羅の秘密

京都へ移った藤原氏の春日大社参拝の謎とは？

「春日宮曼陀羅《かすがみやまんだら》」と呼ばれている絵があります。春日大社と興福寺、およびその周辺の景観を描いた絵です。

春日宮曼陀羅には非常にたくさんの種類があります。それぞれ描き方が違います。

奈良県南市町自治会が所蔵している、13世紀に描かれた春日宮曼陀羅（Ｐ１１３）が、最も基本的な形を示していると思います。上の部分に描かれているのが春日大社で、下の部分に描かれているのが興福寺です。

今の興福寺には、五重塔が1基あります。現在は、令和13年3月完了予定として保存修理工事に入っており、その姿は工事用の覆屋に覆われて、外から見ることはできません。

ところが、13世紀の春日宮曼陀羅を見ると、五重塔が2基描かれています。もともと興福寺には、五重塔が2基あったということが、ここからわかります。

春日大社の姿は、今とほとんど同じです。いつからこの姿になったのかということが、あらためて問題にもなるわけですけれども、かなりの昔から、少なくとももこの春日宮曼陀羅が描かれた13世紀の鎌倉時代から、今と同じ姿をしていたことになります。

春日宮曼陀羅が特徴的なのは、上部に5つの円が描かれ、その中に仏の姿が描かれていることです。平安時代から本地垂迹説というかたちで神仏習合が進んでいましたから、4柱の祭神にはそれぞれ本地となる仏が定められていました。

5つの円のうち、向かって一番右にある円は、本殿とは別に設けられた若宮の本

春日宮曼荼羅
春日神を崇敬する藤原氏が遙か遠く奈良まで参拝をする代わりに、京都にて遙拝する目的でつくられた絵。
（奈良県南市町自治会より）

地仏を示しています。

一番右にある円と少し離れたかたちでまとまって並んでいる4つの円の一番右の円に描かれているのは本殿の第一殿に祀られている武甕槌命《タケミカヅチ》の本地仏である釈迦如来です。

その左の円に第二殿に祀られている経《フ》津主《ツヌシ》命の本地仏、薬師如来が描かれ、その左の円に第三殿に祀られている天児屋《アメノコヤ》根《ネ》命の本地仏、地蔵菩薩が描かれ、一番左の円には第4殿に祀られている比売神《ヒメガミ》の本地仏、十一面観音が描かれています。

そして、若宮の本地仏が文殊《もんじゅ》菩薩です。

若宮の祭神である天押雲根命はアメノコ

ヤネとヒメガミの御子神として誕生したと伝えられる神です。若宮が創建されたのは１１３５年（長承４年）のことですが、今は春日大社の摂社と位置づけられています。良縁・夫婦円満祈願の若宮15社巡りなどで、たいへん人気のある神社です。

仏の姿が描かれている５つの円の背後にあるのが御蓋山です。円は御蓋山の山上に浮かぶようなかたちで描かれていますが、御蓋山は春日大社の神体山になります。

以上が、典型的な春日宮曼陀羅の描かれ方です。

ではなぜこの春日宮曼陀羅がたくさん描かれたのでしょうか。その答えは、藤原氏が奈良から離れ、京都に居住するようになったからです。

春日大社と興福寺は奈良にあります。その春日大社と興福寺を建てて、それを氏神・氏寺とした藤原氏は、平安京遷都がなされると、奈良から一斉に京都の平安京に移りました。

これによって、京都の平安京には多くの藤原氏が平安貴族として住むようになりました。２０２４年のＮＨＫ大河ドラマ『光る君へ』をご覧になった方にはおわかりいただけると思うのですが、そこには藤原氏の人物が実に多く登場し、皆、藤原

○○なので、その区別はかなり難しかったはずです。

平安京に引っ越した藤原氏は、氏神である春日大社にそう簡単にはお参りに行くことができなくなりました。今であれば電車で1時間もかからずに行くことができますが、当時は当然、京都から奈良まで歩いていかなければなりませんでした。

そこで藤原氏はどうしたかというと、この春日宮曼陀羅をそれぞれの屋敷に掲げることにしたのです。しかも、春日大社に実際に参詣するときと同じように正装し、春日宮曼陀羅を前にして神を祀ることを行いました。

春日宮曼陀羅は、今風に言えば、神棚みたいなものです。奈良時代以降、藤原氏は多くの家系に分かれていきます。その一家の数も屋敷の数も多く、それぞれの家がそれぞれに春日宮曼陀羅を掲げて祭ごとを行うわけですから、春日宮曼陀羅の数も膨大なものになりました。そして、自然に、いろいろなバリエーションが生まれてくることになったわけです。

春日大社と藤原氏

藤原氏の様々な策略と謎を読み解いてみる

春日大社のオフィシャルホームページの「本殿」の「御由緒」には次のように書かれています。

《春日の神々の御鎮座は奈良朝のはじめ、平城京鎮護のため、まず武甕槌命様を鹿島（茨城県）から奈良・春日御蓋山頂に奉遷して祭られていましたが、それから数十年後の神護景雲2年に藤原氏の血を引く女帝、称徳天皇の勅命により、左大臣藤原永手らが現在の場所に神殿を創建して、さらに香取（千葉県）の経津主命様、枚岡神社（大阪府）に祀る藤原氏の遠祖・天児屋根命様と比売神様の四柱を併祀したのがその始まりとされています》

まず興味深いのは《称徳天皇の勅命により》という部分です。

勅命とは天皇の命令という意味です。勅命は天皇以外には出せません。称徳天皇は女帝で764年から770年まで在位しました。2度在位した天皇で、第46代孝謙天皇と同一人物です。これを「重祚《ちょうそ》」と言います。

春日大社のホームページの説明には、この称徳天皇の命令によって春日大社ができたということになっています。ただし、称徳天皇は藤原氏の血を引いています。第45代聖武天皇とその后・藤原光明子《こうみょうし》の間に生まれた娘だからです。聖武天皇の母もまた藤原宮子《みやこ》という藤原氏でした。ただし、春日大社の創建は、勅命によるものと社伝では伝えられています。

実際の造営は景雲2年の768年に藤原永手という左大臣が担当して、藤原氏の氏神であった《武甕槌命》を現在地に遷し、そこに香取の《経津主命》、大阪の枚岡神社に祀られていた《天児屋根命》と《比売神》を加えて、御蓋山の麓に四殿からなる社殿（本殿）ができあがったということです。藤原北家の長で左大臣であった藤原永手が、重要な役割を果たしています。

ある時期、春日大社のホームページや案内パンフレットに、《春日大社はこうした四柱の偉大な神様を神聖な御蓋山の麓にご一緒にお祀りすることから春日四所《かすがししょ》明神《みょうじん》・春日皇大神《かすがすめおおかみ》様と称えられ、多く人々の崇敬を集めてきました》という文章が見られました。

注目したいのは《春日皇大神》という表現です。「皇」とは天皇あるいは天皇家ということです。つまり、春日大社の祭神である春日大神は天皇家と密接な関係がある、さらに言えば、天皇家の祖神でもあるという意味が《春日皇大神》にはあるわけです。春日大神は皇祖神だということです。

私は、このことを数年前に発見して驚きました。それまで春日大神を皇祖神とするような記述に、お目にかかったことがなかったからです。

皇祖神は天照大御神《アマテラス》です。その後、八幡神《はちまんしん》が第15代の応神天皇と習合することによってアマテラスに次ぐ第2の皇祖神となりました。春日神を、それに匹敵する存在にしてしまっていいのかということです。神社界の総元締として神社本庁という組織がありますが、神社本庁として、そんなことを許してしまっていいのかとも私は思いました。

裏づけのない話が春日大社から広がってしまうと歴史が捏造されかねないわけですが、誰かが指摘したのだろうと思います。あるいは、神社本庁が問題視したのかもしれません。私もところどころで書いてきました。もちろん、私が書いたものの影響ではないと思いますけれども、今は春日皇大神という表現を春日大社もしなくなっています。

藤原氏は歴史的に言えば平安末期、1086年の白河院による院政開始にともない摂関政治が終わりを告げたことで、政治的に絶大な権力をふるうことはなくなります。院政の後には、武家政権も生まれました。その後長い時間をかけて藤原氏の力がなくなってきたなかで、藤原氏が後ろ盾にはならなくなったわけですから、春日大社としては自らの存在をより権威あるものとしようとしたのではないでしょうか。春日皇大神という表現は、そうした試みのひとつだったように思います。

春日大社の創建にまつわって、こういうことがあります。「東大寺山堺四至図」という、756年に東大寺の寺域を定めるために作成された、麻布製の地図があります。これは、東大寺の正倉院に所蔵されています。

掲げた図は「東大寺山堺四至図」を模写した略図です（次頁）。下の方に東大寺の大仏殿があります。右の上部に御蓋山があり、その麓に「神地」と書かれている場所があります。ここが今、春日大社のある場所です。

春日大社が創建されたのは768年とされています。「東大寺山堺四至図」では、その隅に「東大寺図　天平勝宝八歳（756）六月九日定堺為寺領地……」と墨書されています。となると、756年の時点で、つまりは春日大社が創建される年よりも前に、「神地」と呼ばれる空間があったことになります。

「神地」には社殿などはまったく建っていません。しかし、この場所が「神地」とされていたことは「東大寺山堺四至図」が証明しています。

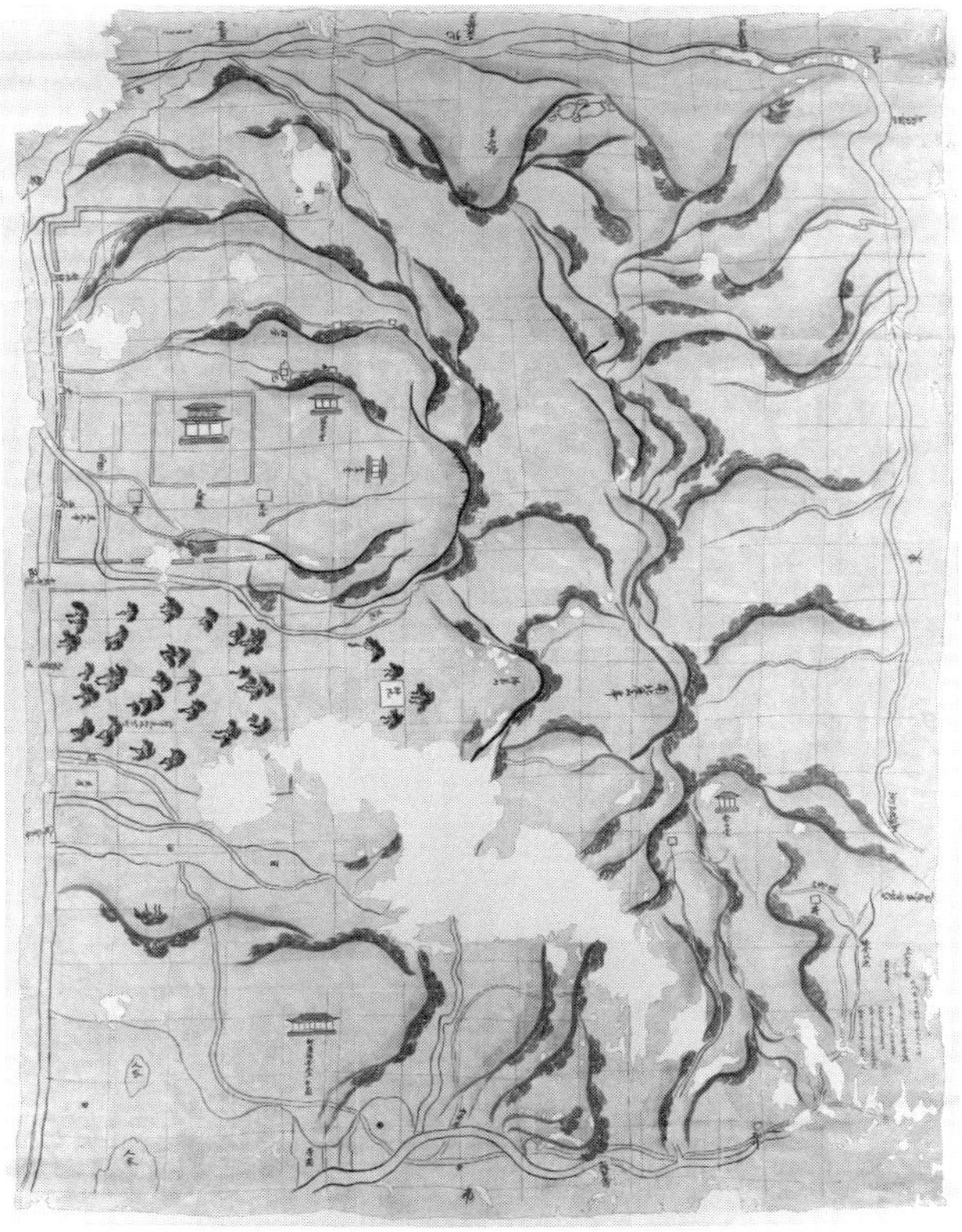

東大寺山堺四至図 模写本
756年に作成された、東大寺の寺域を示す図。大仏殿やかつてあったとされる東塔などが描かれている一方、南大門が描かれていないため、現在とは異なる境内の姿が推測される。（写真：奈良女子大学より）

つまり、春日大社が創建される前から、御蓋山の麓には「神地」つまり神を祀る場所が設定されていたことになります。おそらくそこでは相当に昔から祭りごとが行われ、祭壇が築かれ、何らかの形の儀式が行われていたはずです。

「神地」というものが、いつ生まれたのかということは、「東大寺山堺四至図」からもわかりません。しかし、そうなると、果たして春日大社の創建時期を768年と考えてしまっていいのかどうかという問題が出てきます。そこで、もともと別の氏族が祭りごとを行っていたのを、藤原氏が乗っ取ったのではないかという説を唱えている人もいます。

これは確かにありそうな話です。藤原氏は奈良時代からどんどん力を持つようになりました。平安時代には摂関政治という形で国を支配するようになり、藤原氏でなければ人ではないと言われるような時代が訪れるわけです。そうした藤原氏の勢力拡大にともなって、その氏神としての春日大社の存在感がどんどん増していったのではないかと考えられます。

春日大社は、そうした藤原氏の歴史に深く関係しているわけです。

第四章

春日大社と藤原氏の謎の関係

春日大社の「春日」の秘密

春日祭神を祀っていた本当の場所はどこなのか？

前章で、御蓋山の麓の春日大社がある場所は、春日大社が創建されたとされる768年以前から「神地」つまり神域として設定されている場所だったというお話をしました。その歴史を振り返ってみると、興味深い問題が浮上してきます。

春日大社が公表している境内図（P126）を見ると、一番下の方に「榎本神社」という神社があります。

南門から入って、真っ直ぐ北に進むと中門があります。中門の奥に本殿があって、タケミカヅチをはじめとする祭神の社殿が並んでいるわけですが、榎本神社は、春日大社の中心部からかなり離れたところにあります。

大きな神社の境内に榎本神社のような別の神社があったとしても、多くの方はそれほど注目しないだろうと思います。しかし、この榎本神社は、春日大社の歴史を考える上でかなり重要な神社であるのです。

榎本神社は、『延喜式神名帳』には、「大和国添上郡 春日神社」として記載されています。春日大社の方は「春日祭神」として記載されています。

当時、つまり少なくとも『延喜式神名帳』が成立した927年の時点では、榎本神社が当地の地主神であると認識されていたのではないかと思います。そしてこの土地は、藤原氏が台頭する以前、春日氏という氏族によって支配されていました。この春日氏が祀っていたのが、榎本神社ではないかと考えられるわけです。

古代には、いろいろな部族や氏族、豪族というものが存在していました。春日氏は、欠史八代つまり実在したという確かな証拠のない天皇のうちの1人、第5代の孝昭天皇の皇子である天足彦国押人命《あめたらしひこくにおしひとのみこと》を祖とする和珥《わに》氏から分かれ出た氏族とさ

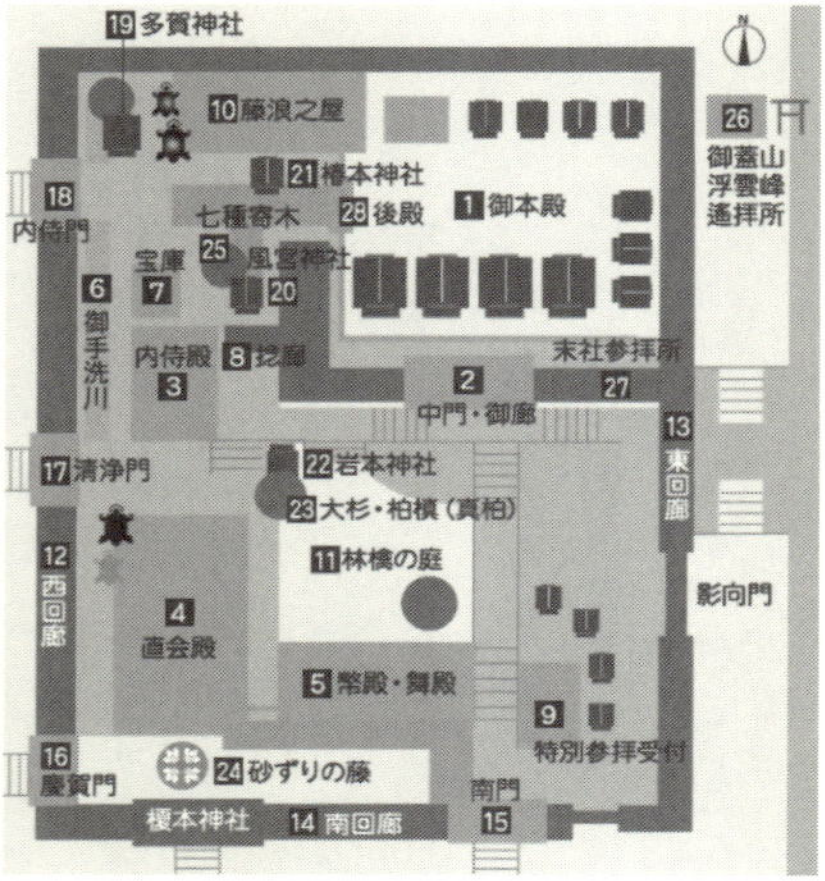

春日大社境内図

春日大社の境内にある御本殿やその他主要な建造物とその四方を巡る重要文化財でもある回廊などを示した図。（写真：春日大社HPより）

榎本神社

春日大社の境内にある摂社で、現在では猿田彦大神を祀っているとされている。

・奈良県奈良市／近畿日本鉄道「奈良駅」徒歩18分（写真：Wikipediaより）

れています。

春日氏は、それほど大きな力を持っていたわけではありません。特に7世紀、飛鳥時代の前半は蘇我氏が圧倒的な力を持っていた時代で、蘇我馬子や蘇我蝦夷、蘇我入鹿といった政界のトップを輩出していました。蘇我氏の対抗勢力として大伴氏といった氏族も存在しましたが、そうした有力豪族の下に位置づけられていたのが春日氏でした。

春日氏は政治的にはそれほど重要な氏族ではなかったかもしれませんが、その春日氏が祀っていた榎本神社が、春日大社の境内摂社として今もなお残されているわけです。

つまり、古来、御蓋山の麓に設定されていた「神地」は、春日氏が祭りごとを行っていた神域であるということです。前章で述べたように、それを藤原氏が乗っ取ってしまったと推測されるわけです。藤原氏と春日大社、春日氏と榎本神社との間には、そういう関係があるのだと考えられます。

春日大社と鹿島神宮、香取神宮の関係の謎

それぞれの神社はどのように地位を確立したか？

春日大社は、藤原氏が台頭することによって大きな力を持つようになります。藤原氏は、平安時代になってから、特に８６６年、藤原良房が摂政となっていわゆる摂関政治が始まってから絶大な権力を持つようになります。

したがって春日大社の存在というものも、奈良時代の段階では、それほど大きなものではありませんでした。むしろ、鹿島神宮と香取神宮のほうが、大きな力を持

っていたというふうに考えることができます。

なぜ鹿島神宮と香取神宮が大きな力を持っていたかというと、数多くの封戸《ふこ》というものが寄進されていたからです。封戸とは、簡単に言えば、今でいう税金を徴収することのできる家のことです。何世帯かが集まって、1つの封戸を形成している場合もありました。

神社は、経済的な基盤を独自に持っているわけではありません。古来、土地が寄進されることによって経済的な基盤ができあがっていきました。

現代における神社の経済的な基盤としても、多くの土地を周辺に持っているかどうかということが大きな意味を持っています。もちろん、私たちが参拝したときの賽銭や、お守りやお札などの売上収入も、「社頭収入《しやとう》」と呼ばれますが、経済基盤のひとつです。けれども、裕福な神社と貧しい神社とを分けるとすれば、それはやはり土地を持っているかどうかにかかっています。

これは神社に限らず寺においても同様で、例えば、浅草に浅草寺《せんそうじ》があります。浅草寺は、「仲見世商店街」という参道にある商店街の土地を所有してきました。この不動産収入が、浅草寺の経済基盤になってきたのです。

かつては、土地は浅草寺の所有であっても、建物の方は東京都が所有し、東京都は無償で土地を借り受けていました。仲見世商店街の土地も建物も、浅草寺の所有となったのは２０１７年からのことです。

このように、お寺や神社は周辺に多くの土地を持つことで経済的な基盤を確立しています。神社で言えば、明治神宮には明治神宮外苑と呼ばれる地域があります。外苑にある神宮球場から上がる収入が、明治神宮を支えています。この神宮球場が老朽化したので、地域全体を再開発しようという話がもちあがり、今、工事が行われていますが、樹木伐採にまつわる環境問題とからめられて話題になりました。

いずれにせよ、古代からずっと土地というものが、神社を支える上で大きな役割を果たしてきたことになります。

なぜ鹿島神宮と香取神宮に多くの封戸が寄進されたかというと、すでに述べたように、蝦夷地と呼ばれる勢力に支配されている、東国以北の地域を征伐するための拠点とされたからです。

武神、つまり戦いの神であるところの鹿島神宮のタケミカヅチ、香取神宮のフツヌシに対して封戸が寄進されることで、この二つの神宮は大きな経済力を持ったわけです。

後には、鹿島神宮の方から春日大社に封戸が寄進される形になりました。鹿島神宮が春日大社の、いわばスポンサーのような存在になったわけです。鹿島神宮は春日大社にとってそうした重要な役割を果たしていました。

したがって、今では考えられませんが、春日大社は鹿島神宮の末社である、という扱い方もされていました。鹿島神宮の方が上で、春日大社は下だったのです。春日大社はまた、平安時代になると香取神宮から援助を受けるようになっていきます。

今日の社会には法人というものが存在します。株式会社や合同会社、公益法人、社団法人、学校法人や医療法人、宗教法人などいろいろな法人があります。株式会社という法人は、ヨーロッパでは中世に発祥しますが、日本では明治以降になってから組織されるようになりました。

この法人の先駆的な形態が神社あるいは寺院にあるのではないか、と私は考えています。ヨーロッパでは、教会や修道院です。

神社はただ礼拝するための場所であるというイメージがあるかもしれませんが、今の大企業のような経済力と組織力を備えていました。

鹿島神宮や香取神宮、春日大社のレベルになると、それぞれの境内地においていろいろな産業が興りました。

神社は、多くの境内地を寄進され、経済力がありましたから、今の銀行業のような役割も果たしていたのです。

ですから、神社を、株式会社のような法人の先駆的な形態と考えることができるのです。

藤原氏興隆の概略

春日大社創建の裏で、何が起きていたか？

春日大社の神殿の創建には藤原永手（714〜771年）という人が大きく関わっていたわけですが、永手は奈良時代の人物で、「公卿《くぎょう》」の立場にありました。

公卿は、太政官という行政の最高職位にある人たちの総称で、具体的には太政大臣、左大臣、右大臣、内大臣、大納言、中納言、参議の職に就いている人たちを言います。今で言えば内閣の国務大臣にあたるのが公卿になるわけで、藤原永手は左大臣の地位にありました。

永手は、藤原四家の内で最も栄えた北家の生まれです。8世紀の前半、藤原不比等の4人の息子（武智麻呂、房前、宇合、麻呂）が9人の公卿の内の4人を占めて政治の実権を握りますが、この兄弟は疫病で次々と亡くなってしまいます。とはいえ、房前の後継者たちによって、その後、北家は興隆することになります。

春日大社の説明では、春日大社は称徳天皇の勅命による創建であるとされています。称徳天皇は、聖武天皇の娘で女帝です。すでに見たように、第46代孝謙天皇とは同一人物で、称徳天皇は重祚、つまり1度退位した後に再び天皇となりました。

称徳天皇といえば、道鏡という僧を寵愛したことでよく知られています。道鏡は宗教界の最高位・法王の地位に上りました。孝謙上皇時代に知り合った2人が、果たしてどんな関係にあったのかということが、その後、さまざまな形で言われ続けますが、孝謙・称徳天皇が出家したことを考えると、後世言われるような淫靡《いんび》な関係にはなかったと考えられます。

称徳天皇の時代に藤原永手が就いていた左大臣という職は、その上に太政大臣がいるだけです。ただし、太政大臣が必ずいるとは限らず、場合によっては左大臣がトップになっている場合がありました。さらには、太政大臣も左大臣も不在である、という場合もあります。

NHK大河ドラマ『光る君へ』にも出てきますが、藤原道長が右大臣になって、その上に左大臣も太政大臣もいないという時代もありました。藤原永手が左大臣に就任したということは、当時、つまり8世紀の中後半期には権力機構のトップにいたことになってきます。内閣総理大臣に就任したのと同じです。

ただ、藤原氏の出自は必ずしもはっきりしていません。645年の乙巳《いっし》の変で知られる藤原鎌足《かまたり》（中臣鎌足。藤原姓は天智天皇に賜る）が創始しました。その子どもが藤原不比等《ふひと》です。不比等に4兄弟が生まれて南、北、式、京というそれぞれの家ができ、これがさらに分かれていって、やがて藤原氏全盛時代になっていきます。

藤原4兄弟が天然痘で相次いで亡くなるという出来事は政治を混乱させましたが、やがて北家が中心になって栄えていくというのが藤原氏の歩みになります。

藤原氏は、よく知られているように摂政関白《せっしょうかんぱく》という位を独占します。これは摂関政治と呼ばれます。

天皇が若い頃に、その代わりに政治を司るのが摂政です。天皇が成人した後には、関白が天皇のアドバイザー役となりました。

天皇と藤原氏の関係は、非常に密接でした。藤原氏に生まれた娘が天皇と結婚し、その間に生まれた子どもがやがて天皇に即位することによって、藤原氏は天皇の外《がい》戚《せき》になります。外戚ということは、天皇の後ろ盾になったということですから、これによって藤原氏の力は大きなものになりました。

その後、鎌倉時代に入ると、摂政関白を出す家というものが藤原氏の中から5家生まれます。それは五摂家と呼ばれ、近衛家、鷹司家、九条家、二条家、一条家です。それぞれの家が、個別にさまざまな役割を担っていくことになります。

藤原家から発祥した家には、現在でも続いている家と続いていない家とがあります。例えば、神社の総元締めに神社本庁という組織がありますが、その神社本庁には「統理《とうり》」という地位があります。総長の上に立つ地位です。トップは総裁で、これには皇族の出身者が就任します。象徴的な存在で、現在は、昭和天皇の第4皇女である池田厚子氏です。

神社本庁の事実上のトップである、統理を務めているのが鷹司《たかつかさ》尚武氏です。鷹司家は、五摂家の一つで、藤原氏の系統に属しているということになります。今でも、そうした家が残っているわけです。

摂関政治は、藤原良房という人物が確立したとされています。858年に摂政の地位に就き、これが摂関政治の最初であるというのが通説です。家臣である「人臣」、つまり一般人が摂政になったのは、これが初めてのことでした。

日本史の授業で、聖徳太子（厩戸皇子）が推古天皇の摂政を務めたと習うように、それまでは、摂政は皇族が就任するのが通例でした。その摂政が皇族から天皇の臣下に代わった、その最初が藤原良房です。

藤原氏が摂政関白をほぼ独占したのが摂関政治の時代ですが、天皇に代わって政治の実権を握ったわけですから、絶大な力というものを持っていました。11世紀の初め、藤原道長と頼通の父子の時代に、摂関政治は最盛期を迎えます。

藤原氏の氏神としての春日大社

当時の庶民は何を信仰していたのか？

春日大社の境内をめぐってみると、北側に本殿が位置しています。そこで参拝をすませて、南門を出ると、その南の方に若宮《わかみや》があります。若宮は、後からできたお宮です。1135年に当時太政大臣をつとめていた藤原忠通が神殿を造営しました。若宮は、今は春日大社の摂社と位置づけられていますが、その重要性は、毎年12月15日から18日にかけて行われる「若宮おん祭」に示さ

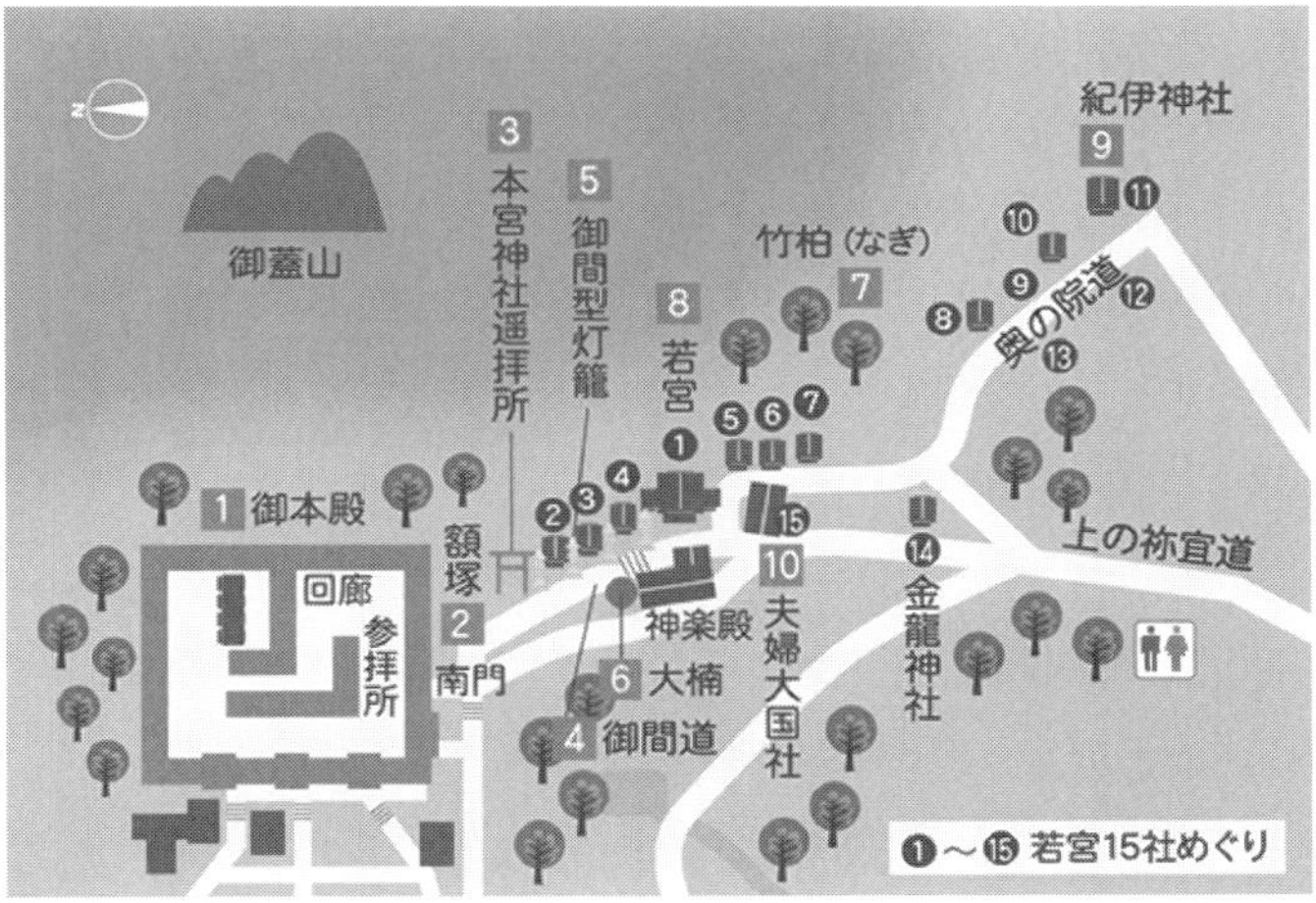

春日大社周辺図（春日大社HPより）

若宮

春日大社の境内にある摂社で、その造りは本社とほぼ同じ。祭神に天押雲根命を祀っている。（写真：春日大社HPより）

れています。この祭は、９００年間途絶えることなく続けられており、古代からの神事が続きます。

　ですから、春日大社を訪れたのなら、ぜひとも若宮にも参拝する必要があります。「春日宮曼荼羅」でも、若宮の本地仏が定められていました。

　２０２４年は辰年で、竜神信仰というものが流行しました。前頁の春日大社周辺図（境内案内図）にもある金龍大神《きんりゅうおおかみ》を祀る金龍神社をはじめ、春日大社では本殿以外に摂社・末社62社が祀られていて、それらを巡る祈願コースも設定されています。

　金龍神社は鎌倉時代末期に創建されたものと言われています。龍神信仰は、安土桃山時代から江戸時代、特に江戸時代の庶民信仰に関わってくるものでもありますが、春日大社の境内にはまた、それよりも古い、古代的なものも見ることができます。

伊勢神宮遥拝所と護摩壇

密教は伊勢神道とどのように関わっていたのか？

若宮から紀伊神社へと向かう「奥の院道」は、鬱蒼《うっそう》とした樹木に覆われています。奥の院道を進んでいくと伊勢神宮の遥拝所《ようはいじょ》に出会います。春日大社の境内にいながらにして、伊勢神宮を拝むことができる場所になっています。こうした伊勢神宮遥拝所は、各地の神社にあります。

遥拝所ですから、向かって立ったその先のはるか遠方に伊勢神宮があることになります。石が2つありますが、これが後の章で話題になる、「磐座《いわくら》」というもので、神社の発祥に大きく関わってきます。

伊勢神宮遙拝所の右手には、「護摩壇《ごまだん》」があります。

護摩壇は、山伏《やまぶし》などが屋外で護摩を焚《た》くための施設です。護摩木と呼ばれる薪を積み上げて火を点け、仏や菩薩を招来して祈願するのが、護摩を焚くというインド由来の密教の儀式です。

護摩壇があるということは、山伏が春日大社に関与していたことを意味します。護摩焚きは密教つまり仏教の儀式ですから、中世の神仏習合の時代から続くものとなります。現在は、ここで護摩を焚くこともないのでしょうけれども、昔は春日大社の境内に山伏が集まってきて護摩を焚いていたわけです。今でも山伏が参加する練成会という行事があります。

大和国と言った場合、現在の奈良県全体およびその周辺の地域を指していました。奈良県南部の大峰山がよく知られていますが、山伏の修行が非常に盛んな地域です。

山伏は修験道の修行者です。日本にはもともと山岳信仰つまり山に対する信仰があり、その山岳信仰と仏教の密教とが合わさって出来上がったものが山の中で修行

春日大社内の伊勢神宮遙拝所
春日大社の中から遠くにある伊勢神宮を拝むためにつくられた遙拝所。（著者撮影）

護摩壇
山伏などがインド由来の密教の儀式である護摩焚きをするための施設。（著者撮影）

する修験道《しゅげんどう》です。

日本人は、昔からよく山に登って修行してきたわけです。ところがヨーロッパなどでは、そうではないようです。

ヨーロッパでは、山というのは魔物が住む場所とされていました。キリスト教より以前の古い神々、あるいは悪魔が存在する恐ろしい場所というイメージがあったようで、山の中に入っていくということはあまりしなかったのです。

日本の場合には、山の中に入っていく、あるいは山に登るということが、古代からずっと続けられてきました。古来、そうした山岳信仰が発達していたところに、平安時代になって中国から密教がもたらされます。

山で修行していた人たちは、その密教の儀式というものを取り入れて実践するようになりました。そこに修験道が成立し、中世から近世にかけて盛んに行われていくことになったわけです。

明治の時代に変わったとき、修験道は禁止されました。修験道は、土着の神道と仏教が融合したところに生まれた神仏習合の典型のような信仰ですから、それはけしからんとされたのです。

神仏分離によって、修験道は一旦禁止されました。それでも、修験道の人たちは、天台宗と真言宗の傘下に入り、仏教の枠のなかで生き残りました。それによって、今日まで伝えられてきているのです。

私も最近、吉野に桜を見に行ったときに、山伏が護摩を焚いている場面に遭遇し、火渡りも体験しました。修験道は、今も生きている信仰なのです。

春日大社の境内に護摩壇が存在するということは、中世の時代の春日大社の信仰に修験道もかかわっていたことを証明しています。

注意していないと見逃してしまうかもしれませんが、神社の境内には、こうした、その神社の過去の歴史を示してくれる興味深いものがあったりするのです。

春日大社と興福寺

藤原氏の氏神の正体とは？

春日大社が藤原氏の氏神であるように、興福寺は藤原氏の氏寺で、互いに密接な関係があります。

もともとは、藤原鎌足の妻であった「鏡王女《かがみのおおきみ》」が創建したものを、７１０年の平城京遷都に合わせて、藤原不比等が現在の場所に移設したのが興福寺です。

6世紀からすでに始まっていたのですが、奈良時代後期から平安時代にかけて、本格的な神仏習合の時代がはじまります。神仏習合の中心的、代表的な考え方が「本地垂迹説」です。

本地垂迹説というのは、日本の神々は、仏教の仏が日本に現れたものである、という考え方です。この考え方に則ったとき、春日大社と興福寺の関係がより明らかになってきます。

神の正体という言葉があります。「正体」とは宗教的用語でもあります。神仏の本体という意味で正体という言葉が使われます。

本地垂迹説は、神の正体は仏であるという考え方です。これによって、仏と神というものが結びつけられました。

実は、興福寺に本尊として祀られた仏が、春日大社の祭神の正体です。こうして春日大社の祭神と興福寺の本尊が、密接に結びつけられたのです。

春日大社では一宮に、タケミカヅチ、つまり鹿島神宮の祭神が祀られています。その正体にあたるのが、興福寺の中金堂、つまり本堂の本尊である釈迦如来です。鹿島神の正体は、釈迦如来なのです。正体にあたるものは、単数ではなくて複数の場合もあります。興福寺南円堂に本尊として祀られている「不空羂索観音《ふくうけんさくかんのん》」が、鹿島神の正体であるとされることもあります。

春日大社で祀られている一宮、二宮、三宮、四宮、そして若宮のそれぞれの神にはそれぞれの「本地仏《ほんじぶつ》」と呼ばれる仏がいて、興福寺の各堂宇に本尊として祀られています。春日大社と興福寺は、そういう関係で密接に結びついているわけです。

お宮に行ってみたところで、もちろん私たちには、神と仏が同体であるということを目にすることはできません。ところがこれは、今は見えないというだけの話で、昔は神社の本殿に、正体となる仏の姿を浮き彫りにした、御正体と書いて「みしょうたい」と呼ぶ銅製の円形の鏡像が掲げられていたりしました。

神と仏が一体の関係にあるということが目に見える形で示されたのが御正体で、これは展覧会にもよく出品されます。御正体を見かけたら、どこの神社のもので、その正体は何かを確認すると興味ぶかいことでしょう。

神仏習合の時代を彷彿《ほうふつ》とさせる儀式が、春日大社では依然として行われています。私はまだこの儀式は見たことがないのですけれども、２０２４年１月３日付の『読売新聞』に次のような記事が出ていました。

《奈良・春日大社を興福寺の僧侶が参拝する「社参式」が行われる…国民の安寧祈る

　奈良市の春日大社で2日、今年初めて米や酒を供える「日供《にっく》始式《はじめしき》」と、興福寺の僧侶の「社参式」が行われた。神職による祝詞の奏上に続いて、僧侶が神前で経を上げ、国民の安寧を祈った。

　藤原氏の氏神である春日大社、氏寺だった興福寺は古くから結びつきが強く、かつては僧侶が日常的に同大社を参拝して読経したという。明治の神仏分離政策で形を変え、現在は毎年この日、正月行事として社参式を行っている。

　興福寺の多川俊映・寺務老院ら僧侶6人は、花山院《かさんのいん》弘匡《ひろただ》宮司ら神職7人とともに境内を回り、本社では仏教思想の一つ「唯識」を要約した「唯識三十頌《じゅ》」、摂社・若宮神社では般若心経を唱えた。

　春日大社によると、元日の初詣客は昨年より4万人近く増えて約17万7000人だった。正月三が日で計40万人を見込むという》

日供始式並びに興福寺貫首社参式

毎年1月2日に行われる、その年初めて米や酒を供えて国家国民の安寧を祈り、併せて興福寺の僧侶が祈念の読経を行う式。

（写真：春日大社HPより）

春日大社で新年1月2日に行われているのが「日供《にっく》始式《はじめしき》」と呼ばれている儀式です。

年始めに神饌をお供えして加護を祈願する式なのですが、1月1日ではなくて2日に行われます。

このときに「興福寺《こうふくじ》貫首《かんす》社参式《しゃさんしき》」というものが、春日大社で同時に行われます。

興福寺というお寺と春日大社という神社は、今は別々の宗教法人になっていて、組織はまったく別ですが、興福寺貫首社参式は昔、この寺と神社が一体であったことを示しています。

他の神社でも、明治になるまでは、実

はこういう形で、僧侶が社殿の前でお経を唱えることが行われていたのですが、今は、まれなことになっています。

春日大社と興福寺の関係を物語る、興福寺貫首社参式といった行事は、今では非常に珍しいものになっているのです。

春日大社の本宮

神社の信仰は何から始まるか？

神社と言ったとき、私たちはたいてい社殿のことを思い浮かべます。ところが、そうした社殿は古代からあるわけではなく、途中から生まれたものです。もともとはどこに神が現れたかといえば、山の中に現れたのです。

春日大社においては、本宮神社というものが御蓋山の中にあります。この神社には普段は行くことができません。そのため、春日大社の境内から礼拝できるように、本宮神社遥拝所というものが設けられています。

本宮神社
タケミカヅチが白鹿に乗り降り立った場所とされ、古来より神が宿る禁足地として崇敬されていた御蓋山の頂上に建てられている神社。
（春日大社HPより）

本宮神社遙拝所
御蓋山の頂、浮雲の峰にお祀りされている本宮神社を拝むことが出来る遙拝所。（著者撮影）

普通であれば鳥居の先に拝殿があって本殿があるわけですが、本宮神社遥拝所の鳥居の先には何もありません。

では、本宮神社遥拝所の鳥居の先、御蓋山の中にある本宮神社はどういうものなのでしょうか。２０１５年7月11日付けの『産経新聞』にこんな記事が出ていました。

《神意に背くと不思議な現象が起きた聖域　「御蓋山」…通常では入れない「信仰の原点」に挑んだ

「神奈備《かんなび》」と呼ばれ、神が鎮座するという秀麗な山が各地にある。奈良・春日大社本殿東側の御蓋山（みかさやま、２９７メートル）はまさにそんなお山。奈良時代後期の本殿創建前から聖域だったようで、春日信仰の原点といえ、神意に背くとある不思議な現象も起きるとか…。通常は入れない禁足地なのだが、実は今、登れるのだ。20年に1度本殿が修理される「式年造替《しきねんぞうたい》」を記念する特別登拝。同行取材し、春日の源流に迫った。（岩口利一）

奈良市街地から東を望むと、屏風のように連なる春日山（春日奥山）の手前に笠を伏せたような山がある。これが御蓋山だ。

あまの原ふりさけみれば春日なる三笠の山にいでし月かも

御蓋山で有名なのはこの歌だろう。奈良時代に中国・唐に留学生として渡った阿倍仲麻呂が絶唱し、「百人一首」に収められている。そう神聖視されてきた山は通常、神職さえ頂きにある摂社・本宮神社の例祭（11月9日）でしか入れない。同神社の特別登拝はそんなベールに包まれた聖域に入れるのだ》

春日大社では、20年に1度、社殿を修復する式年造替《しきねんぞうたい》が行われてきました。

春日大社の式年造替は、明治以降は不定期の修復となり、前掲の記事は平成27年、2015年から行われた第60次式年造替の時の産経新聞の記事です。式年造替にあたっては特別にその時期だけ、御蓋山の本宮神社に参拝することができます。

御蓋山の普段は立ち入れずに登ることができない道を登っていくと、本宮神社が祀られています。

本宮神社の社殿も、おそらくはそんなに昔からあるものではないでしょう。もともとは、社殿など何もない場所で祭ごとを行っていたと考えられます。この本宮神社がある場所が、古代の「神地」なのかどうかははっきりしませんが、おそらく春日大社の信仰はそこからはじまるのでしょう。

今は、立派な社殿が建てられ、そこに神が鎮座するという形がとられていますが、はるか古代においては、山のなかの特定の場所で祭祀が行われていたのです。

問題はその場所です。本宮神社のあるあたりには、磐座があるとされています。残念ながら、私はまだ自分の目で確認してはいませんが、神社の歴史を考えると、磐座への信仰からはじまるというのが基本の形になります。

その点を確かめるために、次章で伊勢神宮について見ていきたいと思います。

第五章

伊勢神宮・内宮磐座の謎

伊勢神宮の正式名称は「神宮」

伊勢神宮を取り巻く「様々な」謎とは？

伊勢神宮は、天皇家の氏神ということになります。今も多くの人々が「お伊勢さん」と呼んで親しみ、遠方からも参拝にこられます。

伊勢神宮では、20年に1度、式年遷宮が行われます。伊勢神宮のオフィシャルホームページには《神宮には内宮にも外宮にもそれぞれ東と西に同じ広さの敷地があり、式年遷宮は20年に一度宮処を改め、古例のままに社殿や御装束神宝をはじめ全てを新しくして、大御神に新宮へお遷りいただく神宮最大のお祭りです》と説明されています。

前回の遷宮は、２０１３年に行われました。２０１３年の遷宮は大ブームになりました。出雲大社の遷宮と重なったことも大きく、神社という存在がにわかに注目された年でした。

出雲大社の前回の遷宮は、１９５３年に行われました。ただ、出雲大社では、60年に１度遷宮が行われる決まりになっているわけではありません。たまたま伊勢神宮の20年に１度の遷宮と、ほぼ60年ぶりの出雲大社の遷宮がたまたま重なったのです。

そしてこの年、２０１３年に伊勢神宮を訪れた人の数は、年間で１４００万人を超え、史上最多を記録しました。これは、内宮と外宮を参拝した人の数を合わせたものです。次の遷宮は、２０３３年に行われることになっています。

伊勢神宮とは一体どういうものであるのか。さまざまに説明されていますが、そこには神話的な伝承も含まれていて、本当のことがわからないことが多々あります。

伊勢神宮内宮　正宮　皇大神宮（内宮）

日本最大の神社であり天照大神を祀っている。内宮と外宮の二宮が存在する。

・三重県伊勢市／近畿日本鉄道鳥羽線「五十鈴川駅」徒歩44分

（写真：伊勢神宮HPより）

伊勢神宮外宮　正宮　豊受大神宮（外宮）

・三重県伊勢市／ JR紀勢本線「伊勢市駅」徒歩9分（写真：伊勢神宮HPより）

伊勢神宮には、やはり多くの謎があるのです。

伊勢神宮には、よく知られている通り、内宮と外宮（前頁）があります。交通の便から、最初、駅に近い外宮に参拝してから、少し離れた内宮に参拝するということになると思います。境内が広いので、一度に参拝できないようなこともあるかもしれません。

内宮は、正式には「皇大神宮」で、そこにはアマテラスが祀られています。外宮の方には豊受大御神《トヨウケノオオミカミ》が祀られていて、正式な名称は、「豊受大神宮《とようけだいじんぐう》」です。

昔は、全体を指して「大神宮」と呼ばれることが一般的でした。大神宮といえば伊勢神宮という時代が、長く続いてきました。

今日でも大神宮という言い方はありますが、現在の正式な名称は「宗教法人神宮」です。そこに「伊勢」という地名は、入っていません。「神宮」とだけ呼ばれるところに、伊勢神宮の特殊性が示されています。特別な神社であるというわけです。

少し考えてみると不思議になってくるのは、どうして内宮と外宮の２つに分かれているのかということです。これは謎です。

式年遷宮が行われる理由

どうして頻繁に宮が移されるのか？

なぜ内宮と外宮があるのか、別段疑問に感じてない方もいらっしゃるでしょうが、かなり不思議なことではないかと私は思います。そこからして大きな謎なのではないでしょうか。説明はされていますが、やはり神話的な伝承なので、本当なのかどうか、どうしても疑問が生じてきてしまいます。

神社が2つに分かれているという形態は、他でも見られます。

例えば、京都市北区にある上賀茂神社と京都市左京区にある下鴨神社がこの関係です。上賀茂神社と下鴨神社は、昔は賀茂社と呼ばれ、1つの神社でした。

現在では、上賀茂神社と下鴨神社は宗教法人として別になっています。したがって上賀茂神社のホームページなどを見ても、下鴨神社のことについては触れられていません。

この「2つある」という形態が一体いかなるものなのかといったあたりが、神社創建の歴史を考える上で興味深い点ではなかろうかと、私は思います。

次頁掲載の写真（上）は、2013年12月28日、私が実際に現地に行って参拝し撮影したものです。2013年の式年遷宮の直後の写真ですから、見てわかるように、屋根も非常にきれいな状態です。

2010年、つまりは遷宮が行われる3年前に撮影した写真もあります（写真下）。遷宮から時間が経っているため、遷宮直後とはずいぶんと違います。

特に屋根はボロボロになっています。遷宮ビフォー・アンド・アフターでは、かなり違うということがわかります。

ところで、なぜ20年に一度建て替えなければならないのでしょうか。何より、社

式年遷宮直後の写真。
（撮影著者）

式年遷宮前の外宮の写真。
（撮影著者）

殿は素木なので、長くはもたないということがあります。

飛鳥時代から奈良時代にかけては、都がいろいろな場所に移りました。奈良時代というと平城京ということになりますが、実は都は頻繁に遷都し、別の場所に遷っています。

なぜそんなに都を移さなければならないのかというと、建てた宮殿の建物の寿命というものが20年ぐらいしかなかったからです。同じ場所で建物を建て替える代わりに、場所を移して新しい宮殿を建てたわけです。

都の建物のそうしたあり方が、伊勢

神宮の式年遷宮にも反映されているようです。２０１０年の写真を見ると、屋根が葺き替えなければならないのは、外観を見ただけでもわかりますが、実際には内部もかなり朽ちていたようです。

私の大先輩の宗教学者に山折哲雄先生がおられます。山折先生は２０１３年の遷宮のときに「火焚きの翁」という特別な役を果たしていますが、その際、古い社殿のほうも見学したとのことです。

山折先生は、やはりかなり朽ちている印象を受け、「神は死んだんだ」という印象を受けたと、対談したおりにおっしゃっていました。

つまり、建物がもたないというのが第一の理由で、そのために20年で建て替えなければならないわけです。それも素木が用いられているからで、他の神社の場合には、長く維持できるように朱塗りになっていることが多いわけです。

あるいは、他にも式年遷宮が行われている神社はありますが、社殿を一新するのではなく、屋根などを吹き替え、修理するという形がとられています。

上賀茂神社と下鴨神社の場合には、その形式で式年遷宮が行われてきました。出雲大社の場合も、式年遷宮の際には、社殿を建て替えるのではなく、主に屋根を葺き替えるということが一番重要なことになっています。修理をすることによって、長くもつようにしているわけです。

現在の出雲大社の建物は、江戸時代の建物です。１７４４年に造営されました。それから３００年の歳月が流れており、その間に修理をくりかえすことで今の状態が保たれているわけです。

伊勢神宮は、20年に1度建て替えられる特別な神社です。鳥居などもすべて建て替えられますし、内宮に行くために渡る宇治橋という橋も架け替えられます。

あるいは、「神宝《しんぽう》」と呼ばれますが、神に捧げられるお宝も20年に一度、すべて一新されることになります。もったいないと感じられるかもしれませんが、伊勢神宮の社殿で使われてきた檜などは他の神社に転用されます。そうした神社は、全国にあります。檜は貴重ですから、リサイクルはきっちりとなされています。神宝も他の神社に下付されます。

古殿地

前回の遷宮まで御殿が立っていた場所。（伊勢神宮HPより）

遷宮を行ったときには、しばらく古い建物は残っていますが数ヶ月で撤去されます。新しい本殿と古い本殿は隣り合わせになっていて、20年ごとに場所を交代していくことになります。

古い本殿が撤去された跡は「古殿地《こでんち》」と呼ばれます。奥に小さな建物が建っていますが（写真上）、これは、建物を中心となって支えていた心御柱がおさめられています。

この心御柱だけは、変わることなく、20年ごとに社殿を支え続けていくことになります。心御柱がいかに重要なものであるかがわかります。

125社からなる伊勢神宮

『延暦儀式帳』は本当に804年につくられたのか？

伊勢神宮というものは、実は内宮と外宮からだけでなるものではなく、125もある神社から構成されています。内宮と外宮の2つは「正宮」と呼ばれますが、他に「別宮」というものが14社あります。別宮は正宮に次ぐ重要な神社になります。さらに、そのほかに摂社が43社、末社が24社、所管社が42社あり、すべて合わせると125社に及ぶわけです。

したがって、神宮の社地、つまりは別宮や摂末社、所管社が鎮座している領域は、内宮と外宮のある伊勢市だけではなく周辺の地域にも及んでいて、４市２郡に分布しています。

伊勢神宮の場合、摂社と末社は次のように区別されています。

・摂社／『延喜式神名帳』に記載されている式内社
・末社／『延暦儀式帳』に記載されている神社

『延喜式神名帳』は、すでにお話しした通り、平安時代の９２７年にまとめられた当時の神社一覧です。一方で、伊勢神宮に独自のものとして『延暦儀式帳』がありますが、これは、平安時代初期の８０４年に内宮と外宮の神職者が、それぞれにまとめたものとされている文書です。

一般の神社の場合にも摂社末社が神社の境内の内外にあるわけですが、どれが摂社でどれが末社なのかという区別は、それほど厳格にはされてはいません。しかし、伊勢神宮の場合は明確に区別されています。

『延喜式神名帳』に記載されているもの、つまり式内社とされているものが摂社で、それにはなく『延暦儀式帳』に記載されているのが末社です。

『延暦儀式帳』は、伊勢神宮に関する史料の中で、一番古い史料として知られています。それは2つに分かれていて、内宮の儀式帳が『皇太神宮《こうたいじんぐう》儀式帳』、外宮の儀式帳が『止由気宮《とゆけぐう》儀式帳』です。

私は、『延暦儀式帳』が本当に804年にできたものなのかどうかに関しては、疑問を抱いています。というのも、鎌倉時代以降の写本しか残されていないからです。

史料というものは、原本が残っている場合もあれば、写本でしか残っていない場合もあります。

写本の場合には、それがいつ頃写されたものなのかが問題になってきます。原本ができてすぐにできた写本もあれば、かなり時間が経ってからの写本もあります。写本がかなり新しいものであれば、原本の成立時期がどうしても問題になってきます。

『延暦儀式帳』の場合、そこにはあるが、その後にできたはずの『延喜式神名帳』にはないものが、摂社より格下の末社とされている点が気になります。『延暦儀式帳』の方が先なら、そちらに記載されているものを摂社とするのが、自然なのではないでしょうか。

『延暦儀式帳』より前の史料がないのは事実です。飛鳥時代や奈良時代にはそうした文書はなかったわけですから、果たして８０４年より前の伊勢神宮の歴史がどうなっていたのか、それを突き止めるのは相当に難しいことになってきます。

内宮の祭神、アマテラス

いかにしてアマテラスは伊勢で祀られることになったのか？

神宮の内宮に祀られているのはアマテラスです。アマテラスが登場するまでの神話をまとめると、次のようになります。

日本の国はイザナギノミコトとイザナミノミコトが国生みをすることから始まります。ところがイザナミノミコトは火の神を生んでしまったがゆえに、からだを焼かれて死んでしまいます。それで、黄泉《よみ》の国に行ってしまいます。

イザナギノミコトは、まだ国生みの途中でもあるし、妻のイザナミノミコトが恋しいということで、黄泉の国まで妻を追っていきます。ところが、イザナミノミコトはすでに黄泉の国の食べ物を食べてしまっているため、地上の世界に戻ることができません。蛆が湧く体になってしまっていたのです。

それでも、イザナミノミコトは、黄泉の国の神にかけあってみると、宮殿のなかに入っていきます。その際、イザナギノミコトに対して、決して自分の姿を見てはいけないと言い残します。ところが、いっこうにイザナミノミコトが出てこないので、イザナギノミコトは宮殿のなかをのぞき見てしまいます。禁止されたことをおかすというのは、エデンの園のアダムとエバの場合にも見られますが、神話に共通するパターンです。

蛆がわいているイザナミノミコトの恐ろしい姿を見てしまったイザナギノミコトは、慌てて逃げ出します。イザナミノミコトは自分の家来を追手に放ちます。最後は自分でも追いかけていきます。それでも、命からがら、イザナギノミコトは黄泉の国から脱出することに成功します。追ってきたイザナミノミコトに対しては、大きな石で黄泉の国への入り口をふさいでしまいます。

こうして、イザナギノミコトが黄泉の国から戻ってきたとき、自分の体が汚れているというので禊《みそぎ》を行うのですが、左目を洗ったときにアマテラスが生まれ、右目を洗ったときにツクヨミが生まれ、鼻を洗ったときにスサノオが生まれます。

つまりアマテラス、ツクヨミ、スサノオは姉弟の関係にあるわけです。イザナギノミコトは、アマテラスに高天原を支配しなさいと命じ、夜の国についてはツクヨミに、そして、海原についてはスサノオに支配するよう命じます。

この三柱の神のなかで、ツクヨミという神は、その後それほど重要な役割を果たしません。月の神で、伊勢神宮にはそれを祀った神社が二つもあるのですが、その後、活躍する場面がありません。その分、アマテラスとスサノオとの関係が重要なポイントになってきます。

ツクヨミが月の神であるのに対して、アマテラスは太陽神です。アマテラスの岩戸隠れの物語があり、それは日蝕にもとづくものだとも言われています。その点では、それ以降の物語が、太陽神のアマテラスと月の神、ツクヨミの物語として展開していっても不思議ではないのですが、なぜかそうはなりませんでした。

月の方が、太陽に比べて弱いということでしょうか。あるいは、その後に語られることになるスサノオの物語が、相当に興味深いものになっていったため、ツクヨミは無視されることになってしまったのかもしれません。

アマテラスは、天皇家の祖ということになります。それを祀る伊勢神宮の創建について語る物語は、『日本書紀』に出てきます。

それによれば、アマテラスはもともと、倭の国の都にあった朝廷で祀られていました。その際に、倭の国の地主神である倭大国魂命《ヤマトノオオクニタマノカミ》という神と一緒に祀られていました。

ところが、疫病が蔓延することになりました。日本の古代には天然痘が猛威をふるいましたから、それが物語に取り込まれたのでしょう。

その際、アマテラスと倭大国魂命という2柱の神を一緒に祀っているのが、災いの原因だという判断が下されます。大きな力を持っている神を同時に祀っているため、磁石が反発するように、神と神との間に対立関係が生まれ、それが疫病を生んだのではないかというわけです。

そこで、この2柱の神を朝廷から離すということが行われました。古代の神という存在は、昔に遡れば遡るほど、幸福をもたらしてくれるよりも、むしろ災いをもたらす存在としてとらえられていました。神は恐ろしいものであるがゆえに、丁重に、また慎重に祀らなければならないというのが当時の時代感覚だったのです。

アマテラスは皇室の祖ではあるものの、相当な力を持っているがゆえに危険な存在であると見なされ、天皇のそばで祀っていくわけにはいかないと考えられたのです。同時に、地主神の倭大国魂命の方も朝廷から離されます。

倭大国魂命はどこで祀られたかというと、これは現存しますが、大和《おおやまと》神社に祀られました。

大和神社は奈良県天理市にあります。境内には「戦艦大和ゆかりの神社」という石碑が建っています。第2次世界大戦中に悲劇的な最期を遂げた戦艦大和ゆかりの神社で、大和という名前はこの神社から取られたことになっています。

アマテラスの方はどうなったかといいますと、一旦は、豊鍬入姫命《トヨスキイリヒメノミコト》という皇女の1人に預けられ、倭の笠縫邑《かさぬいむら》という所に祀られます。この笠縫邑がどこなのかについては、大昔からいろいろなことが言われています。

そのため、「元伊勢」と呼ばれる神社が、いろいろと生まれることにもなりました。伊勢神宮のもとはここであるというわけです。

ところが、トヨスキイリヒメは、アマテラスをうまく祀ることができませんでした。うまく祀ることができなかったというのは、アマテラスが疫病をもたらすような危険な神であるため、その力を抑えることができなかったということだと考えられます。

アマテラスは、次に、倭姫命《ヤマトヒメノミコト》という別の皇女に預けられます。ヤマトヒメはどうしたかというと、この神を祀るべき場所を探して、大和国から隣の近江の国、さらに今の岐阜県にあたる美濃の国まで行き、そこからかなり迂回して伊勢の国へたどり着きました。

伊勢神宮の中にはヤマトヒメを祀った神社があります。倭姫宮《やまとひめのみや》という神社ですが、これは大正12年、1923年に創建された伊勢神宮125社の中で最も新しい神社です。

大和神社

崇神天皇6年に創建され、幾度かの火災などによる移転で現在の姿となっている。祭神に日本大国魂大神などを祀っている。

・奈良県天理市／ JR万葉まほろば線「長柄駅」徒歩7分（写真：天理市観光協会）

戦艦大和石碑

大和（おおやまと）神社は世界最大最強を誇った戦艦「大和」ゆかりの神社でもあり、東西に延びる参道は戦艦「大和」と同じ長さがある。

（大和神社HPより）

伊勢の国にたどり着いたアマテラスは、次のような託宣を下しました。

「是の神風の伊勢国は、常世の浪の重浪《しきなみ》の帰する国なり。傍国《かたくに》の可怜《うま》し国なり。是の国に居らむと欲ふ」

伊勢の国は海に面しています。神の風が吹いている伊勢の国は、常世というユートピアからの波が押し寄せてくる場所であり、とてもいい国であり、豊かであると言ったわけです。

そして、「是の国に居らむ」、この国にいることにしようということになりました。確かに伊勢の国は水産物や作物に恵まれた豊かなところで、風光明媚《ふうこうめいび》な美しい国でもあります。アマテラスが、そう言って褒めたのも納得できるところですが、こういう経緯を経て、アマテラスは伊勢に祀られるようになったというのです。

ただこれは、あくまで神話であり、歴史的な事実とは言えません。それでも、残念ながら、これ以外に伊勢神宮が成立した経緯を語る史料は存在しません。

外宮成立の謎

神話に基づいて起源を明らかにできるか？

外宮の方がどのように創建されたのかについては、『古事記』や『日本書紀』にはまったく出てきません。そこのところを考えると、おそらく伊勢神宮は、まずは内宮だけ、皇大神宮だけあったというふうに考えていいと思います。

外宮の成立に関する話が出てくるのは、『止由気宮儀式帳』です。『止由気宮儀式帳』は、『延暦儀式帳』に含まれ、外宮に伝わっている古い史料になります。

第21代の雄略天皇の夢の中にアマテラスが現れます。アマテラスは、こうした形で自分の意思をいろいろな形で表明する神でもあります。つまり、人間の世界とかかわりをもってくる存在なのです。

夢の中で、アマテラスは、「自分は五十鈴川の川上に鎮座しているけれど1人では心もとない、寂しい。食事も十分に取れない」と言い出します。当時アマテラスは、丁重に祀られていなかったということかもしれません。そこで、「丹波国の比《ひ》治《じ》の真奈井《まない》に鎮座している等由気大神《トヨウケノオオカミ》を呼んで御饌都神《みけつかみ》、つまり自分の食事をつかさどる神としてほしい」という要求を突き付けてきました。

『止由気宮儀式帳』には、このように、アマテラスが食事を摂れるようにと等由気大神が呼ばれて外宮に祀られたという話が出てくるわけです。ただ、外宮が成立した事情を語ってくれる史料は、これしかありません。それに、これはあくまで神話ですから、そのまま信じるわけにもいきません。外宮が成立した経緯は、謎に包まれていると言えます。

内宮の創建の話も神話にもとづくものですが、その起源を明らかにできる可能性はあります。次に、それらについて述べていきたいと思います。

アマテラスの荒御魂

どうして荒御魂が祀られることになったのか？

内宮の別宮に荒祭宮《あらまつりのみや》があります。本殿だけで、拝殿などはない形です。荒祭宮の祭神は、アマテラスの荒魂（あらみたま。荒御魂とも書く）ということになっています。あらたま、と言う場合もあります。荒々しく戦闘的で、積極的に働く神の魂、神の側面といった意味です。

荒魂と対比されるのが和魂（にぎみたま。和御魂とも書く）です。にぎたまは、にきたま、と呼ばれる場合もあります。温和で穏やかな神の魂、神の側面といった意味

荒祭宮
アマテラスの側面であるアマテラスの荒魂を祀っている、本宮に次いで尊いとされる内宮第一の別宮。
（伊勢神宮HPより）

です。神には、この荒魂と和魂という2つが宿っているとも言われます。

内宮の正殿ではアマテラス自体を祀っているわけですが、荒祭宮ではアマテラスの荒魂を祀っています。荒祭宮は、別宮の中でも特別な存在です。

まず、天皇から遣わされる使者を勅使といいますが、勅使は内宮と外宮の正宮の他、別宮の中では荒祭宮にしか参行しません。

それから、5月と10月に神御衣祭《かんみそさい》という祭典があるのですが、これは内宮と荒祭宮でのみ開催されます。和妙《にぎたえ》と呼ばれる絹と荒妙《あらたえ》と呼ばれる麻の反物を、糸、針などとともに供える祭典です。神御衣祭は外宮では行われていません。

神御衣祭においては、天皇家にまつわる儀式の中で非常に重要な役割をする絹と麻を神に供えるというところが重要です。そして、こうした祭典が内宮と荒祭宮のみで行われるということは、荒祭宮がいかに重要な存在であるかを示しています。和妙と荒妙は、天皇の即位儀礼である大嘗祭に登場します。

式年遷宮の際には、荒祭宮だけが内宮と外宮の正宮と同時に建て替えられます。ここにも荒祭宮の重要性が、示されています。しかも、別宮のなかで、荒祭宮がもっとも規模が大きいのです。

荒祭宮で祀られている荒魂が問題になってきますが、『古事記』や『日本書紀』のなかで、荒魂と和魂が出てくる箇所は、実は限られています。

第14代の仲哀天皇の妃であった神功皇后は、仲哀天皇に先立たれることになります。仲哀天皇は、アマテラスの意思に逆らってしまったがゆえに殺されてしまった悲劇的な天皇になります。

その後、神功皇后は、夫にかわって朝鮮半島の新羅に攻め込むのですが、その際に和魂と荒魂というものが出てきます。アマテラスに荒魂と和魂があるのと同様に、

住吉大社
航海守護神ともされる住吉三神と、創建に深くかかわった神功皇后を祭神とする神社。写真は第一本宮。
・大阪府大阪市／南海鉄道南海本線「住吉大社駅」徒歩4分（写真：住吉大社HPより）

現在、大阪府大阪市住吉区住吉にある住吉大社に祀られている住吉三神にも、和魂と荒魂の話が出てきます。

住吉大社に祀られている底筒男命《ソコツツノオノミコト》、中筒男命《ナカツツノオノミコト》、表筒男命《ウワツツノオノミコト》の住吉三神は、アマテラスと密接な関係があります。仲哀天皇が亡くなるときも、アマテラスの意向を体現したのは、この住吉三神でした。

住吉大社は、4つの宮からできています。第一本宮に底筒男命、第二本宮に中筒男命、第三本宮に表筒男命と住吉三神が並び、第四本宮に息長帯姫《オキナガタラシヒメノ》命《ミコト》が祀られています。息長帯姫命が、

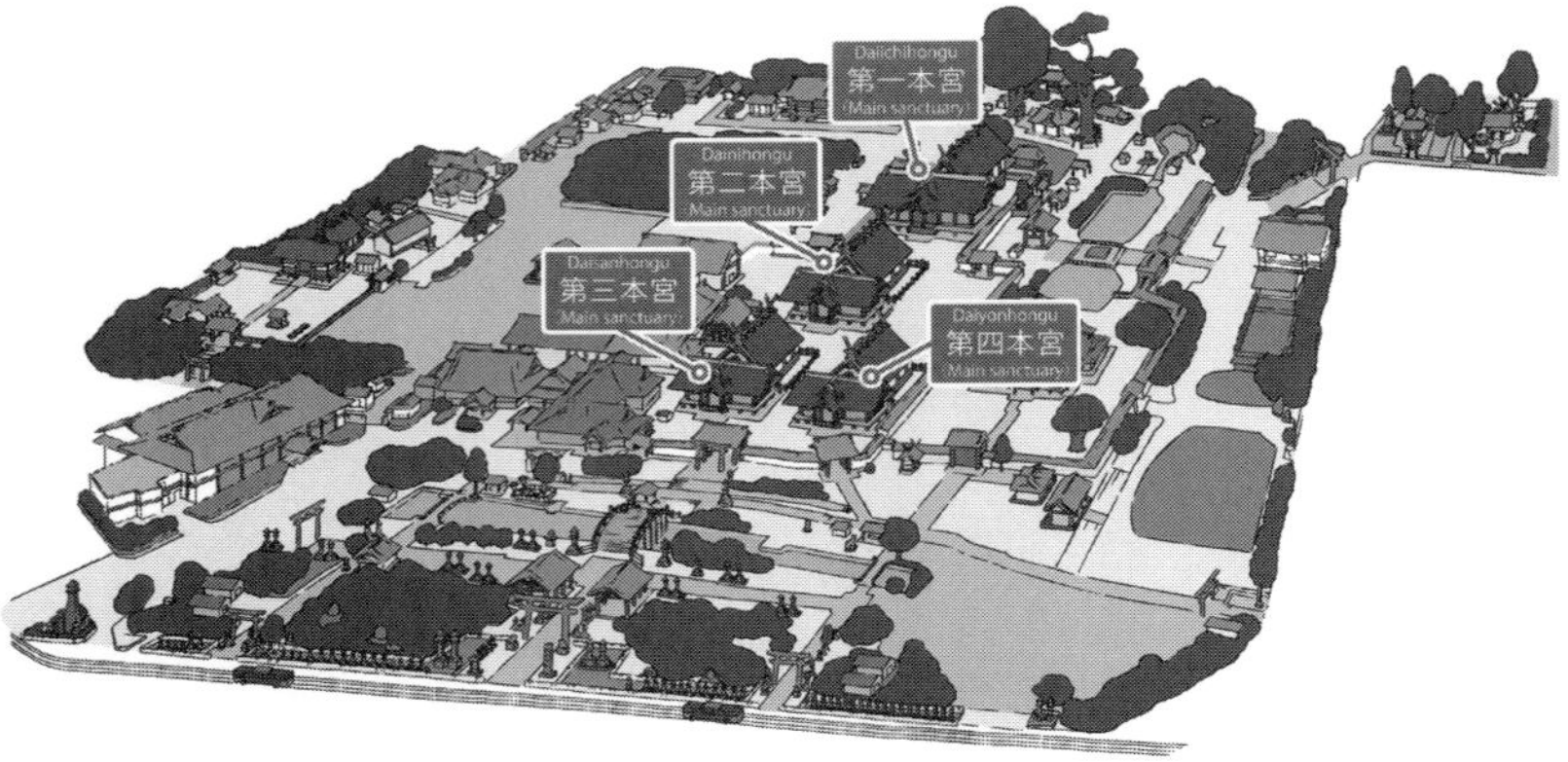

住吉大社境内案内図
（住吉大社HPより）

神功皇后のことです。

春日大社の場合、第一殿、第二殿、第三殿、第四殿の4つの社殿は横に並んでいますが、住吉大社の場合には、第一本宮から第三本宮までが縦に並んでいます。第四本宮は、第三本宮の脇にあります。

これは船団の形を表したものではないかと言われています。住吉大社は、海の神、船の神を祀り、航海安全にご利益があるともされていますので、船団の形を取っているというわけです。神功皇后が朝鮮半島に攻め入っていくとき、住吉三神が登場するのも、海の神、船の神としてでした。

実は、アマテラスの荒魂というものは、荒祭宮だけではなく、別の所でも祀られています。これも神話の中に出てくる話なのですが、アマテラスは、自らの荒魂を廣田《ひろた》という場所に祀るようにと神功皇后に命じています。

廣田とは何かというと、現在の兵庫県西宮市にある廣田神社のことです。廣田神社は、関東の人にはあまり馴染みがないかもしれませんが、関西の人にはよく知られています。なにしろ、阪神タイガースが必勝祈願に行く神社だからです。廣田神社には、阪神タイガースのマークを記した絵馬もあります。ファンはそこに「優勝できますように」と、応援のメッセージを記すわけです。

伊勢神宮からはるか離れた廣田神社にもアマテラスの荒御魂（荒魂）が祀られているわけですから、それだけ荒御魂は丁重に祀らなければならないものだったということになります。

伊勢神宮では、荒祭宮以外にも、内宮の別宮で、アマテラスを祀っている瀧原《たきはらの》宮《みや》と並んで建っている瀧原竝宮《たきはらのならびのみや》でも、アマテラスの荒御魂が祀られています。

いくつもの場所で、アマテラスの荒御魂が祀られているということは、それだけ荒御魂が恐ろしいもので、丁重に祀らなければならない存在であったことを意味しているのではないでしょうか。

内宮磐座の謎

なぜ、伊勢神宮はあえて内宮の磐座を〃無視〃しているのか？

荒祭宮の重要性をさらに物語るものに、内宮磐座《ないくういわくら》との関係性があります。内宮磐座は、内宮の北方に位置する巨大な岩です。

次頁の地図を見ればわかりますが、荒祭宮は、内宮の真北にあります。内宮でアマテラスに礼拝するということは、同時に、その真北にある荒祭宮に祀られているアマテラスの荒魂にも礼拝するということになります。

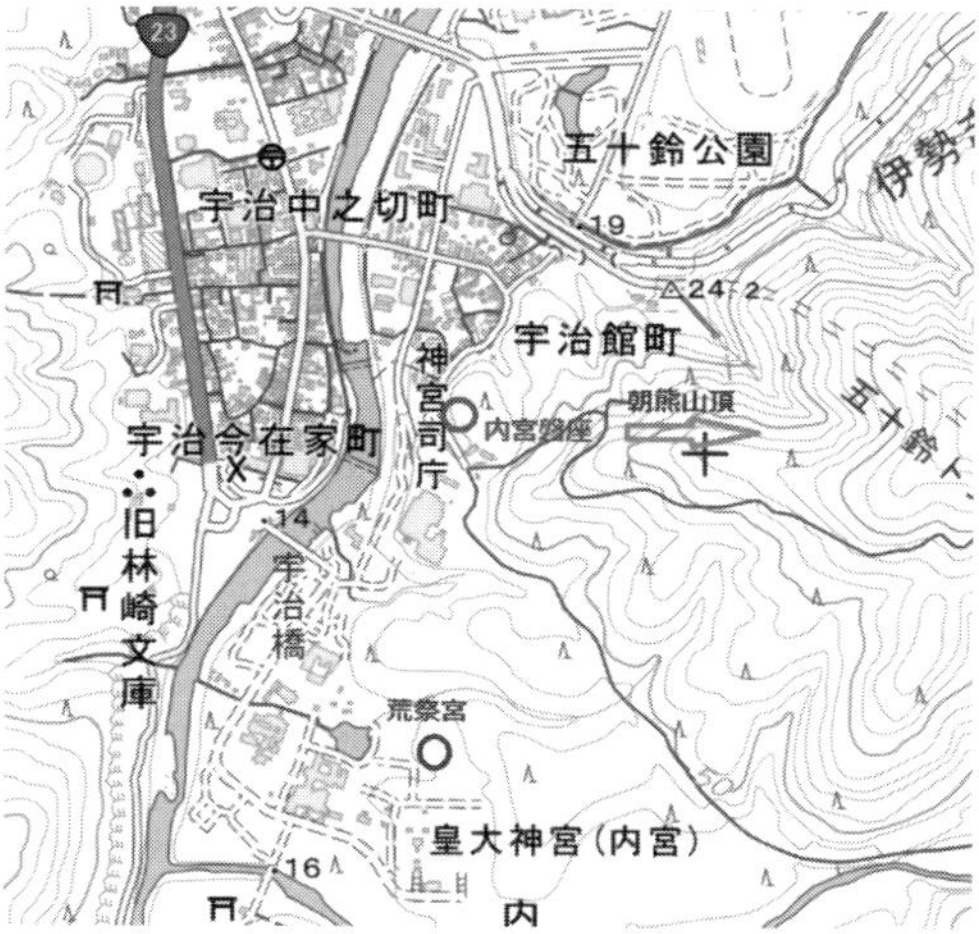

内宮磐座の場所
（国土地理院地図アプリより作成）

さらに荒祭宮の北には、神宮司庁、つまり伊勢神宮の事務を司る場所があります。そして、その神宮司庁のさらに北側に内宮磐座があります。

正宮に参拝しても、荒祭宮も内宮磐座も見ることはできないので、その存在を感じないかもしれませんが、正宮で参拝することは、同時に、荒祭宮と内宮磐座を拝む形になるわけです。

果たして、この位置関係は偶然なのでしょうか。とてもそうは思えません。

伊勢神宮は、この内宮磐座の存在をまったく重要視していません。

内宮磐座には、道からすぐに上がることが

できるのですが、案内もなければ、柵などもなく、特別な場所として扱われていません。

一般の場合とは異なり、磐座にしめ縄が張ってあるわけでもありませんし、その前に鳥居があるわけでもありません。下の道を歩いていても、多くの人はその存在に気がつかないでしょう。

内宮磐座の東方に朝熊山《あさまやま》という山があります。朝熊山には金剛證寺《こんごうしょうじ》という寺が建っています。江戸時代には、朝熊山の金剛證寺にも参らないと、本当に伊勢に参ったことにはならないとも言われていた重要な寺です。

現在は禅宗の寺になっていますが、もともとの創建は空海とされています。この寺が、内宮磐座の真東にあるのも気になるところです。

こうした位置関係から考えると、内宮つまり皇大神宮は、荒祭宮の遥拝所であり、内宮磐座の遥拝所なのではないかと思えてきます。

内宮磐座の下には普通に舗装されている道があり、見上げると山になっています。山道をほんの1分も歩けば、内宮磐座にたどり着きます。そこに巨大な磐座があ

内宮磐座
磐座は天に向かって突き出していて、男性の性器のようにも見える。(著者撮影)

るのです。

私は、伊勢神宮はあえて内宮磐座の存在を無視していると考えています。磐座は天に向かって突き出していて、男性の性器のようにも見えます。

こうした磐座が、伊勢神宮のもっとも古い信仰のあり方を示しているのではないか、伊勢神宮はここから始まるのではなかろうかと私は考えています。

後ろから見ると、まるでゴジラの背中を見ているようでもあります。

内宮磐座の脇には空き地があるのですが、この空き地がまた興味深い場所です。

伊勢神宮の式年遷宮のときにはまずこ

こで、最初の儀式となる山口祭《やまぐちさい》が行われます。遷宮のための木材を切り出すときの、いわば地鎮祭のような、そういう役割を果たしている祭です。

この場所が最初で、そこから式年遷宮のいろいろな祭祀が行われ、最後に神を古い社殿から新しい社殿に遷す遷御に至ります。最初の儀式がここで行われるということは、やはりこの場所が重要なものであることを示しているはずなのです。

その証拠になるものもあります。Ｐ１９５は１８６１年につくられた江戸時代、幕末の地図ですが、内宮磐座が示されています。そこは、岩井神社と呼ばれていま す。

あるいはそれよりも前、１７９７年に刊行された『伊勢参宮名所図会』という当時のガイドブックがあります。江戸時代は庶民の間で伊勢詣が盛んに行われるようになった時代で、このような観光案内書も出版されました。

どうやって伊勢神宮に行くのか、その間にどういったものがあるのか、ということを教示してくれるものですが、左の上の所に「岩社　やしろ」と書かれているところがあります。これが磐座のある石井神社にあたります。

内宮磐座
かつて信仰の対象となっていた巨大な岩だが、現在の伊勢神宮の磐座はしめ縄などの特別な扱いを受けていない。（著者撮影）

磐座の脇にある空地
式年遷宮の最初の儀式である山口祭が行われる場所。
（著者撮影）

『皇大神宮儀式帳』では、「石井神社、大水神兒高水上命形石坐」と書かれています。石井はイワイと読み、岩井神社のことです。大水神《オオミナカミ》の子どもである高水上命《タカミナカミノミコト》がこの磐座に宿っているというのです。

『皇大神宮儀式帳』では、伊勢神宮の他の摂社や末社についても同様に磐座を祀っていると書かれています。伊勢神宮の最初の形は、やはり磐座を祀る形をとっていたことになります。

ただし、内宮と外宮の正宮や荒祭宮もそうだったのかについては、史料がないのでわかりません。磐座を祀るということが、神社のもっとも古い祭祀のあり方と考えられますから、伊勢神宮でも内宮磐座での祭祀からその歴史がはじまったと考えることができます。

ただ、もう一つの可能性があります。それは、荒祭宮での祭祀がもっとも古いのではないかという可能性です。考古学的な研究によれば、荒祭宮が鎮座する場所からは、祭祀に使われたと思われる遺物が多く発見されているのです。

しかも、荒祭宮は、二つの谷に挟まれた尾根の上にあり、近くには、内宮の祭祀

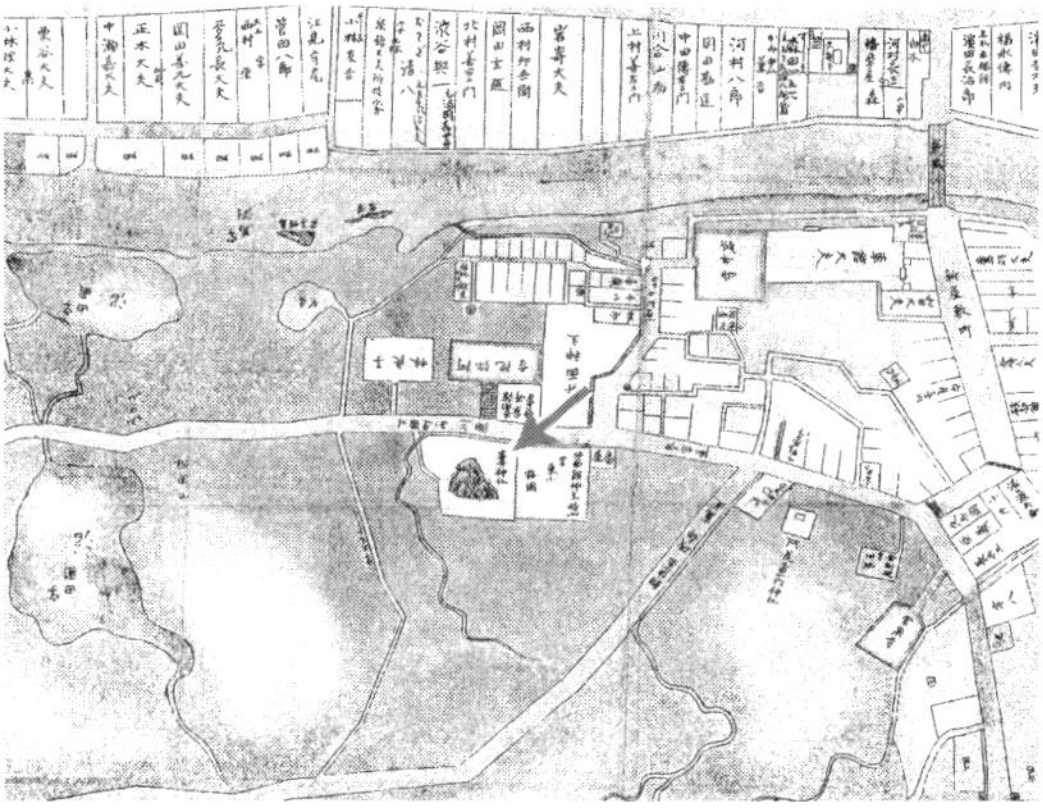

『宇治郷之圖』石井神社

1861年、幕末につくられた地図。現在の内宮磐座がある場所に当時は石井神社があったことを示している。（伊勢古地図研究会編より）

『伊勢参宮名所図会』

1797年に刊行された江戸時代の伊勢神宮の観光案内書。左上に岩の絵と共に「岩やしろ」と書かれている。（国会図書館デジタルコレクションより）

で使われる水をくむための「御井」という井戸があります。

さらに、『日本書紀』に続く正史である『続日本紀』には698年に瀧原宮がある場所から、現在地に伊勢神宮が遷ってきたことを示唆している記述があります。瀧原竝宮と荒祭宮で、どちらもアマテラスの荒御魂を祀っていることからすると、荒祭宮のもとは瀧原竝宮であった可能性が浮上します。

いったい伊勢神宮の創建はどのようなものだったのか。そこには、さまざまな謎があります。ただ史料が乏しいため、それを解くことは不可能に近いことなのですが、一般に言われている創建の物語が、事実を伝えるものでないことだけは確かでしょう。

第六章

スサノオが氷川神社と八坂神社に祀られている謎

祭神の定義

神々の祀られ方は、どのようにして変化していったのか？

大宮氷川神社のことについては、すでに第2章でふれましたが、その中心となる祭神は、スサノオです。ほかに、その妻のクシナダヒメとオオナムチノミコトが合わせて祀られています。

このスサノオですが、一方では、京都の八坂神社でも祭神として祀られています。八坂神社は、明治以前には祇園社と呼ばれていて、全国にある八坂神社やスサノオを祀る神社の総本社ともされています。

では、氷川神社も八坂神社を総本社としているのでしょうか。そうではありません。

となると、氷川神社と八坂神社はどう関係するのだろうかということになってきますが、実は祭神は同じでも、氷川神社と八坂神社は直接の関係はないのです。

八幡神であれば、九州の宇佐神宮がもとで、それが京都の石清水八幡宮に勧請され、さらに鎌倉の鶴岡八幡宮に勧請されました。こうした神社から八幡神は全国に勧請され、それで大きく広がっていきました。

ところが、スサノオの場合には、それとは違う面を持っているのです。

この章では、なぜ同じスサノオが氷川神社と八坂神社で別々の形で祀られているのかについて考えることにします。

ここで一つ興味深い記述を紹介することにします。

それが、『国史大辞典』(吉川弘文館)にある「祭神」の項目です。そこでは次のように説明されています。

《『古事記』『日本書紀』・風土記などに、その祭神名が記されているのは、伊勢・大神（おおみわ）・松尾・住吉・宗像（むなかた）・鹿島・香取など特殊な場合に属し、『三代実録』でも浅間神・弥彦神・大鳥神・小国神などと記し、それぞれで現在称されている神名を記していない。

『延喜式』神名帳にみられる３１３２座・２８６１処も、大半はその地名を冠した土地神的な神名で、日本神話中に語られる神名の社は少ない。

多くの神社で、その祭神を、中央神話で語られる神名にあてて称するようになったのは中世以降のこととみられ、ことに明治以降そのようにさせられてきた》

『古事記』『日本書紀』『風土記』が成立した8世紀、奈良時代の段階においては、神社の祭神が明らかになっているのはむしろ少数である、ということです。このことは、『延喜式神名帳』について説明したときに、すでにふれました。

『延喜式神名帳』に記載されている神社は２８６１社で、祭られている神が１つではない場合もあるので３１３２柱（座）の神が載っています。大半はそれぞれの地名を冠しただけで、神名を示した神社はごく少数だったのです。

それが、中世以降になると、神話に由来する祭神を祀っている神社が増えました。中世という時代は、平安時代の終わりから始まると考えられます。

しかも、そうした傾向が特に強くなるのは明治以降だというのです。明治政府は、当初、「神武創業」に帰るというスローガンを掲げ、日本の歴史が神話に遡るものであることを強調するようになります。そうした状況が生まれたことで、それぞれの神社も、その祭神を神話にもとづくものに変えていったのです。

つまり、明治以前と以降では、祭神が変わっている可能性があるということです。神社において今のような形に必ず祭神というものが定められていて、かつ、日本の神話の中に登場する神が主に祭神として祀られるようになった歴史は意外と新しいわけです。まだ２００年にも満たない、ということになります。なかでも、それによって大きな影響を受けたのがスサノオを祭神とする神社なのです。

祭神の今と昔

スサノオと牛頭天王はどう関係していたのか？

その点を明らかにするために、もう一度『延喜式神名帳』を見てみることにしましょう。今回は今の静岡県にあたる駿河国の箇所を見ていきます。

山名郡に山名神社《やまなのじんじゃ》という神社が載っています。これは静岡県周智郡森町飯田に現存する山《やま》名《な》神社《じんじゃ》のことです。

このように、『延喜式神名帳』に載っていて、それから1000年以上が経つにもかかわらず現存している神社はかなりあります。もちろん所在がまったくわからなくなっているものもあります。また、どこが本来の神社なのか、複数の候補があがるような神社もあります。そうした神社は、「論社」と呼ばれ、議論の対象になっています。山名神社も同県袋井市上山梨のものが、論社になっています。

飯田の山名神社ですが、江戸時代には牛頭天王《ごずてんのう》を祭神としていました。牛頭天王は八坂神社に深く関係しているのですが、山名神社の現在の祭神はスサノオです。

山名神社にはスサノオの他に、その親になるイザナギと、伊勢神宮の外宮の祭神である豊受大神が祀られています。さらに、八幡神と習合した応神天皇も合祀されています。

江戸時代には牛頭天王を祭神としていましたが、『延喜式神名帳』では、他の神社と同様に、山名神社で牛頭天王を祀っていたとは書かれていません。当時、この神社の祭神がどのようなものだったのか、史料がないので、それはわかりません。

もう1つ、佐野郡に真草《まくさのじんじゃ》神社が載っていますが、真草神社も現存はしてはいますが、名称は雨櫻《あめざくらじんじゃ》神社に変化しています。しかも、火災にあったため、現在地の静岡県掛川市上垂木に遷ったとされています。

江戸時代には「あめざくら」ではなくて「あまざくら」と呼ばれたようで、「天《あま》桜《ざくら》天王《てんのう》」がその呼称でした。山内一豊という有名な大名が掛川城主だった頃に、雨を詠み込んだ和歌を桜木に結びつけたら雨が降ったことから「雨櫻天王」と呼ばれるようになった、という話も伝えられています。

ここで言われる「天王」は「牛頭天王」のことだと考えられます。したがって真草神社（雨櫻神社）の場合も、いつからかということはわかりませんが、江戸時代には牛頭天王が祀られていたわけです。それが現在では、スサノオとクシナダヒメ、そしてその間に生まれた子どもたちが祭神として祀られていて、八坂神社の祭神と共通しています。

山名神社と真草神社の例からわかることは、江戸時代には牛頭天王を祭神としていたものが、明治以降にはスサノオに変わったということです。そうなると、スサノオと牛頭天王がどう関係するのかということが問題になってきます。

その関係について探っていく前に、スサノオの姉にあたるアマテラスが祭神として各地に祀られるようになった事情について見ていくことにします。

祭神としてのアマテラスの広まり

全国へ展開する伊勢神宮の収入源とは?

氷川神社の参道は、ＪＲ埼京線のさいたま新都心駅近くからはじまっています。さいたま新都心駅は、さいたまスーパーアリーナの最寄駅です。もう一つスーパーアリーナの最寄駅となるのが、ＪＲ埼京線の北与野駅なのですが、その近くに、すでにふれた神明神社があります。神明神社の祭神はアマテラスです。神明宮や神明社、神明神社はアマテラスを祭神としています。

神宮大麻（現代）

お祓いに用いる祭具である大麻を包んだ伊勢神宮のお神札。（伊勢神宮HPより）

御祓大麻（下写真）

神宮大麻の昔の呼び方。（伊勢神宮HPより）

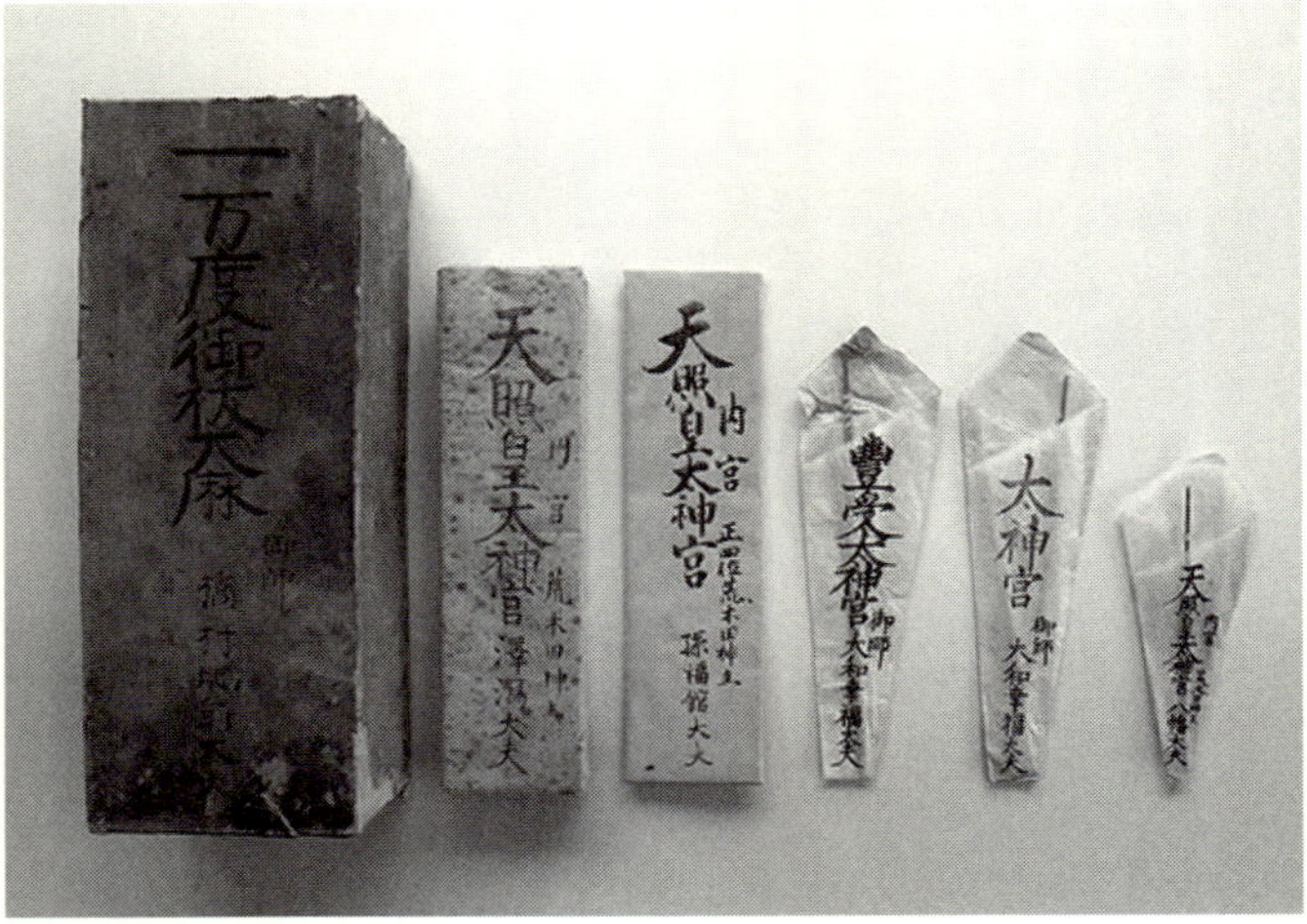

北与野の神明神社が創建される由来については、次のような言い伝えがあります。お伊勢参りを行った村人が、御師（おんし。信者のために祈禱を行い、伊勢詣の際に宿泊や参詣案内などの世話をする下級神職）より御祓大麻《おはらいたいま》を受けて当地に祀ったことからアマテラスを祭神とすることとなったという言い伝えです。御祓大麻は今で言う神宮《じんぐう》大麻《たいま》、つまりは伊勢神宮のお札のことです。

江戸時代にはお伊勢参り、伊勢詣が盛んになります。お参りした人たちは、たいていは御祓大麻をいくつも購入して帰ってきました。というのも、伊勢詣をするには、旅費がかなりかかるので、それを皆で積み立てていかなければなりませんでした。それで毎年抽選を行い、当選した人が順番に伊勢詣をしました。そうした集まりを「伊勢講」と言い、伊勢講の仲間のために神宮大麻を買い求めたのです。

現在の神宮大麻は紙に印刷されていて、そこには「天照皇大神宮」と記されています。天照皇大神宮は内宮の正式名称です。昔の御祓大麻には、古来の伊勢神宮の呼称である「大神宮」と記されています。

北与野の神明神社には、私も参ったことがあります。アマテラスを祭神とする原因となった御祓大麻がどこかに残っていないかと、社殿のなかを覗いてみたのですが、見つかりませんでした。現存しているかどうかも不明です。

神明神社の創立の事情には、一般に「御厨《みくりや》」がかかわってきます。御厨について、『全文全訳古語辞典』（小学館）では、《厨とは台所の意で、神饌《しんせん》（＝神ニ供エル食物）を調理する屋舎をさすが、のち魚貝など神饌を献納する神領をいった。伊勢神宮のそれが全国的規模で分布していて有名》と説明されています。

神饌を捧げるだけではなく、そこにある田で稲などを育て、そこから上がった収入を伊勢神宮に納める、というのが御厨です。かつては大神宮御厨というものが全国にありました。御厨が指定され、そこから収入を確保することによって伊勢神宮が維持され、式年遷宮の費用もそれで賄われていました。それが、江戸時代までの御厨の役割だったのです。

神饌には、海のものや山のもの、あるいは酒、それから餅が代表的なものとして捧げられます。どこの神社でもだいたい同じような形で神饌を捧げることになっていて、その神饌を提供する所が御厨です。

香取神宮御田植祭に
供えられた神饌
神様に捧げる供物のことで、米や酒、海の幸、山の幸など、その土地の人々が特別な恩恵を享受した食物が捧げられる。
（写真：Wikipediaより）

そして、御厨がある地域にアマテラスを祀る神明神社が誕生しました。これが、神明神社誕生の基本的なパターンだったのです。

アマテラス、もしくは皇室の祖先神を祀っている伊勢神宮は、元来、一般の人たちが勝手に祈願をしてはいけないことになっていました。それがだんだんと緩和されていき、平安時代末期からは一般人も伊勢神宮を参拝できるようになります。

そして、御厨という神領ができることによって、各地にアマテラスを祀る神明社が創建されるようになったのです。

中世以降は御師が活動を始めます。御師は明治以降に廃止されて今は存在しませんが、民間の宗教家であり、今で言えば旅行ガイドの役割も果たしていました。

伊勢神宮の御師の場合には、檀家を訪れ、神宮大麻を頒布していました。伊勢講などはあるにしても、やはり伊勢詣は大変ですから、そうしたことを行ったわけです。また、神宮暦という暦も配って歩きました。暦は農作業にとっては必需品です。

もう1つ、神明神社が広がったパターンがありました。それは、「飛神明《とびしんめい》」によるものです。アマテラスの御神体が各地に飛んでいったという噂が流れ、飛んでいった各地に、そのご神体を祀る神明神社が創建されていったのです。

祭神の場合、「勧請」ということが可能なので、同じ神を祀る神社が全国に広がっていくことになりました。勧請はもともと仏教の言葉ですが、祭神の場合、神が宿る鏡などの依り代があれば、いくらでも勧請が可能です。お寺だと立派な仏像を本尊として祀らなければなりませんが、鏡なら入手は容易です。あるいは、鏡ではなく、北与野の神明神社がそうであるように、御幣でも御神体になります。

八幡神社や稲荷神社は、相当の数全国にあるわけですが、同じ神を祀っていることにかわりはないのです。

飛神明と吉田神道

誰が吉田神社を神社界の中心に押し上げたのか？

飛神明ということが起こったことには、社会的な背景がありました。

１４６７年には、「応仁の乱」が勃発します。それは、戦国時代という戦乱の世を生むことにつながっていきます。応仁の乱は非常に複雑な構図を持った戦いで、誰と誰が戦ったのか、その全体像を描くことが難しいのですが、室町幕府の力が衰えることで、全国各地に戦国大名と呼ばれる領主が生まれ、その間での勢力争いが戦乱の時代を長く続かせることに結びつきました。

それによって、やがては中世の時代が終わりをつげ、そのなかから、古代や中世とは大きく異なる近世の時代が生み出されていくことになります。

戦乱の世が訪れることで、各地の神社も被害を受けるようになります。特に京都は応仁の乱で戦場となったため、そこにある神社は相当な被害を受けることになりました。これは、応仁の乱の直接の影響ではないのですが、伊勢神宮でも１４８６年に外宮が放火され、社殿が焼失するという出来事が起こります。

この時代になると、すでに式年遷宮がくり上げて行われたり、延引したりしていたのですが、焼け落ちた外宮だけではなく、内宮の場合にも、それ以降、式年遷宮は長いあいだ行われなくなります。戦乱が続き、それどころではなくなってしまったのです。内宮でも外宮でも、百数十年間にわたって、遷宮が中断されるという事態が生まれました。

外宮の社殿が焼失した際には、その御神体の行方がわからなくなってしまいました。だからこそ、飛神明の噂が立つことになったのですが、それを絶好の機会として利用する人物も現れました。

それが吉田兼倶《かねとも》（1435〜1511年）でした。吉田兼倶は、吉田神道という神道の流派のもとをつくった人で、京都市左京区の吉田山にある吉田神社の神職を務めていました。

吉田神社は、藤原山蔭が創建したものです。山蔭は、藤原北家の魚名流に属していて、中納言にまでは出世はしますが、北家の中心人物というわけではありませんでした。したがって、山蔭が創建した吉田神社は、当初の段階では山蔭家の屋敷神のような存在だったと思われます。

ところが、山蔭の孫にあたる時姫が摂政太政大臣の藤原兼家の正室となり、藤原道長などを生んだことで、吉田神社は京都における藤原氏全体の氏神となり、藤原氏の娘が生んだ天皇が行幸するようになっていきます。それによって、吉田神社は京都のなかでも重要な神社になっていったのです。

吉田兼倶は相当の野心家でした。飛神明が吉田神社にも飛んできたと後土御門天皇に告げにいきます。「お上、こういうことが起こったんですよ」とそれを奏上しました。後土御門天皇もその話に乗り、吉田山に飛神明があったということを認め

斎場所大元宮

1484年に創建された吉田神社の社で、明治以前は吉田神社の信仰の中心であった。

・京都府京都市／京阪電車京阪本線「出町柳駅」徒歩20分（写真：Wikipediaより）

てしまいます。

　これは、それ以前のことになるのですが、兼倶は吉田神社の境内に斎《さい》場所大元宮《じょうしょだいげんぐう》を建てました。屋根が8角形の、他に例を見ない奇抜な社殿です。

　斎場所大元宮には、虚無太元尊《ソラナキオオモトミコト》神《カミ》という、それまで知られていなかった神が祀られています。それは、宇宙の根源神であるとされました。

　宇宙の根源神などという考え方は、それまでの日本にはなかったものです。イザナギとイザナミは、国造り、神造りということでいろいろな神を生むわけですけれど、そういう神々とは根本的に異なる、宇宙を創造する力を有するような神です。

当時はもちろん、ビッグバン・セオリーなどといった科学的宇宙論は存在しなかったわけですが、あるいは兼俱は、虚無という言葉を持ち出すことによって、宇宙の無からの創造を考えたのかもしれません。

しかも兼俱は、虚無太元尊神を祀るだけではなく、日本の天神地祇《てんじんちぎ》、八百万《やおよろず》の神《かみ》をすべてそこに祀ろうとしました。

その際に、もっとも重要な神はアマテラスですから、それを祀る必要があります。だからこそ、兼俱は飛神明という出来事を絶好の機会として活用しようとしたのです。

これによって、アマテラスまで祀っているのだから、吉田神社は日本の神社界の中心であり、伊勢神宮も吉田神社の下にあるという形をとることができるようになりました。

そうした試みを積み重ねることで、江戸時代になると、吉田神道は神社界の元締めという立場を確立できるようになりました。神社の神職になる際には、吉田家から許可を得なければならないという体制をつくり上げたのです。

吉田兼倶という人は、プロデューサーとしての能力に秀でていたとみることができます。

それによって吉田家は、白川伯王家と並んで神道界において最重要の家となることができたのです。

牛頭天王からスサノオへ

スサノオと朝鮮半島との密接な関係

ここまでは、アマテラスが全国でどのようにして祀られるようになってきたのかを見てきました。では、アマテラスの弟であるスサノオの場合はどうなのでしょうか。

スサノオはアマテラスの弟ということになっています。『古事記』や『日本書紀』においては、この姉弟神は、イザナギ、イザナミが生んだとされています。

ただ、生んだという表現には注意が必要です。正確に言えば、『古事記』では、イザナギが黄泉の国から帰ってきたとき、その穢《けが》れを祓ったときに生まれたのがアマテラスであり、スサノオであるとされています。スサノオの特徴はその凶暴さにあって、高天原を追放されて根の堅洲国《かたすくに》あるいは根の国に追いやられたということになっています。

神というものは非常に大きな力を持っています。大きな力を持っているということは、時には暴力的な様相を呈することがあるということです。アマテラスの荒御魂には、まさにそうした神の暴力的な側面が示されているわけですが、スサノオの場合には、その存在そのものに暴力性がつきまとっています。

それによってスサノオは高天原から追放され、出雲に至ります。出雲には、あるいは大和に匹敵する古代の王朝が栄えていたとも考えられています。

出雲国におけるスサノオには、有名なヤマタノオロチを退治する話があります。ヤマタノオロチに捧げられることになっていたクシナダヒメを助けるために、ヤマタノオロチに酒をしこたま飲ませ、酩酊状態になったところをスサノオは十拳剣によって切り刻んでしまいます。退治に成功したスサノオは、約束通りにクシナダヒメと結ばれることになります。ヤマタノオロチからは、天叢雲剣が出てくるのですが、これをスサノオはアマテラスに献上します。天叢雲剣は「三種の神器」の一つとなります。

また、『日本書紀』の一書が伝えるところでは、スサノオは、高天原から追放されたとき、最初新羅の国の曽尸茂梨《そしもり》というところに降ったとされています。

その後、出雲に向かうのですが、これは、スサノオがもともとは朝鮮半島の神であった可能性を示しています。

古来、日本は朝鮮半島との関係が非常に深いので、朝鮮半島で祀られていた神や、渡来人が祀っていた神が日本の神になっていくことがありました。典型的なのは、新羅系の渡来人が九州で祀っていた八幡神です。京都の賀茂神社や松尾大社、伏見稲荷大社なども、こちらは百済系の渡来人がもともと祀っていたものだとも伝えられています。したがって、スサノオが朝鮮半島と密接な関係を持つのも十分に考えられることなのです。

そのスサノオが習合したのが、すでにお話した牛頭天王です。

江戸時代19世紀の浮世絵師、歌川国輝が描いた『本朝英雄伝』と呼ばれる連作の

歌川国輝の描いた『本朝英雄伝』の牛頭天王

現代ではスサノオとされており、日本神話においては暴風の神、また厄払いの神としても信仰されている。（写真：Wikipediaより）

ひとつに牛頭天王の浮世絵があります。左上の表題には、牛頭天王ではなくて牛頭「天皇」、そして、稲田姫、と書かれています。歌川国輝は、ヤマタノオロチを退治している牛頭天皇を描いています。

現代においては、牛頭天王にはあまり関心は寄せられてはいません。明治以降、牛頭天王という祭神が一斉にスサノオという形に変わってしまったからです。牛頭天王として祀られていたと由緒には書かれているかもしれませんが、牛頭天王そのものを祭神とし続けている神社はかなり少なくなっています。

とはいえ、スサノオを祀っている神社

牛頭天王社跡

吉野山にある牛頭天王を祀っていた神社の跡。明治以前までは本殿などが存在した。

・奈良県吉野郡／近畿日本鉄道吉野線「吉野駅」、吉野ロープウェイ乗り換え「吉野山駅」下車徒歩約1時間40分。または吉野山駅からバスで23分「奥千本口」下車徒歩10分。（著者撮影）

は、後で述べる氷川神社の系統を除くと、ほぼすべてがもともとは牛頭天王、少なくとも江戸時代までは牛頭天王を祀っていたと考えられます。

浮世絵にも描かれたわけですから、牛頭天王は人気抜群の存在でした。

ただ、牛頭天王が祀られていた名残は各地にあります。先日も、吉野へ行ったとき、「牛頭天王社跡」というものに出会いました。

吉野の場合は神社自体がな

くなってしまい、祭神がスサノオに変わることがないまま滅びてしまったようです。しかし、牛頭天王社跡と立派な石碑が立っているということは、おそらく江戸時代だと思いますが、それだけ当時、篤い信仰を集めていたのではないかと考えられます。

また、古来表現されてきた牛頭天王の姿形は、いろいろとあります。祇園大明神、つまり今の八坂神社の祭神を描いた護符です。その頭の上には、たしかに牛が乗っています。牛頭で、「牛頭天王と申すはスサノオノミコトなり」と書かれています。

これは江戸時代のものになりますが、その時代において牛頭天王とスサノオが同一であるとする信仰があったことになります。八坂神社、当時の祇園社の祭神は牛頭天王であり、その正体は、神話にもとづくならスサノオであるという認識が、江戸時代の段階からすでにあったのです。

他にも、次頁、左下写真のような像となった牛頭天王もあります。

牛頭天王絵
江戸時代に刊行された『仏像図彙』の中に描かれた牛頭天王とスサノオの習合神である祇園大明神。
（写真：Wikipediaより）

牛頭天王像
（津島市興禅寺所蔵）

牛頭天王像
（木津川市松尾神社所蔵
［京都府立山城資料館寄託］）

こうしたものは「多面多臂像《ためんたひ》」と言い、顔と腕がたくさんあるわけで、密教関係の仏像にはこうした形をとるものが多く見られます。代表的なのは千手観音ですが、千手観音は、本当に千本の手を持つ場合もありますが、その手にはいろいろな法具を持っています。

それによって、さまざまな人の悩みや苦しみを救ってくれるというわけです。牛頭天王の多面多臂像も、同様に、こうした信仰を取り入れていると考えられます。牛頭天王は、釈迦の生誕地であるインドの祇園精舎の守護神であるともされてきました。八坂神社が祇園社であり、その周辺の繁華街が祇園と呼ばれるのも、そのためです。

釈迦の生誕地の名が、夜の繁華街の名称になるというのは、なんとも皮肉な話ですが、牛頭天王は、スサノオだけではなく、さまざまなものと結びつけられてきました。「蘇民将来伝説《そみんしょうらい》」には、そのことが示されています。「蘇民将来伝説」には武塔神《むとうしん》が登場しますが、牛頭天王はこれと同一視されてきました。さらには、薬師如来の垂迹であるともされてきました。

垂迹というのは、すでに述べたように仏教の仏が日本では神として現れたという意味です。したがって、牛頭天王は薬師如来という仏が、神として現れたものになるのです。

薬師如来は、阿弥陀如来や大日如来のように、釈迦の一つの現れになるわけですが、仏像としては薬壺をもっているところに特徴があります。これは、人々を救う存在であることを示しています。

日本仏教の初期の時代には、薬師如来を本尊として祀る場合が多く、奈良の薬師寺や新薬師寺などはその代表ですが、平安時代に生まれた比叡山延暦寺や高野山金剛峰寺も本尊は薬師如来です。

蘇民将来伝説の武塔神

『記紀』にも載っていない不思議な伝承とは？

蘇民将来伝説は、『備後国風土記』逸文として残されているものです。不思議なのは、将来が姓で蘇民が名である、ということです。普通の日本人の名前の場合には、姓が先に来て名が後に来るわけですが、蘇民将来の場合は逆で、このあたりも興味深いところです。

蘇民将来伝説は次のようなお話です。武塔神は、『古事記』や『日本書紀』にはまったく出てこないものです。

《疫隅《えのくま》の国社《くにつやしろ》。昔、北の海においでになった武塔《むたふ》の神《かみ》が、南の海の女子を与波比（よばひ。求婚）に出ていかれたところが、日が暮れた。その所に将来兄弟の二人が住んでいた。兄の蘇民将来はひどく貧しく、弟の将来は富み、家と倉が一百あった。ここに武塔の神は宿を借りたが、惜しんで貸さなかった。兄の蘇民将来はお貸し申し上げた。そして粟柄（あわがら。粟の茎）をもって御座所を造り、粟飯などをもって饗応した。さて終わってお出ましになり、数年たって八柱の子供をつれて還って来て仰せられて、「私は将来にお返しをしよう。お前の子孫はこの家に在宅しているか」と問うた。蘇民将来は答えて申し上げた。「私の娘とこの妻がおります」と。そこで仰せられるには、「茅の輪を腰の上に着けさせせよ」と。そこで仰せのままに「腰に茅の輪を」着けさせた。その夜、蘇民の女の子一人をのこして、全部ことごとく殺し滅ぼしてしまった。そこで仰せられて、「私は速須佐雄《はやすさのを》の神《かみ》である。後の世に疫病がはやったら、蘇民将来の子孫だといって、茅の輪を腰に着けた人は免れるであろう」といった》（『備後国風土記』逸文）

（出典：『風土記』吉野裕・訳／平凡社／2000年）

もともとは北の方にいた武塔神が、嫁さんが欲しい、ということで南方を旅している途中で蘇民将来、巨旦《こたん》将来という兄弟に出会います。巨旦将来の方は、とても金持ちでしたがたいへんにケチで武塔神が泊めてくれと言っても泊めてくれませんでした。一方で、兄の蘇民将来は、「貧しいところですが、それでもよければ泊まってください」というふうに、武塔神に親切に対応してくれました。

武塔神は、その恩を感じて、数年後、子どもたちとともにふたたび蘇民将来を訪れます。そして、蘇民将来の娘に茅の輪を着けるように言います。疫病が流行した際には、茅の輪をつけた蘇民将来の娘だけを残して皆殺されてしまった。そういうお話です。

この話を基に、蘇民将来の子孫であればいろいろな厄介事から救ってくれるという信仰が生み出されることになります。蘇民将来の護符（次頁）というものもさまざまにつくられてきました。

今でも家の門口などに掛けられているのを見かけることがあります。護符は、それを掲げたのが、蘇民将来の子孫の家であるということを示しています。

蘇民将来の護符

備後国風土記に記された人物への信仰のための護符で、現在では主にスサノオを祀る神社で授与されている。

（写真：Wikipediaより）

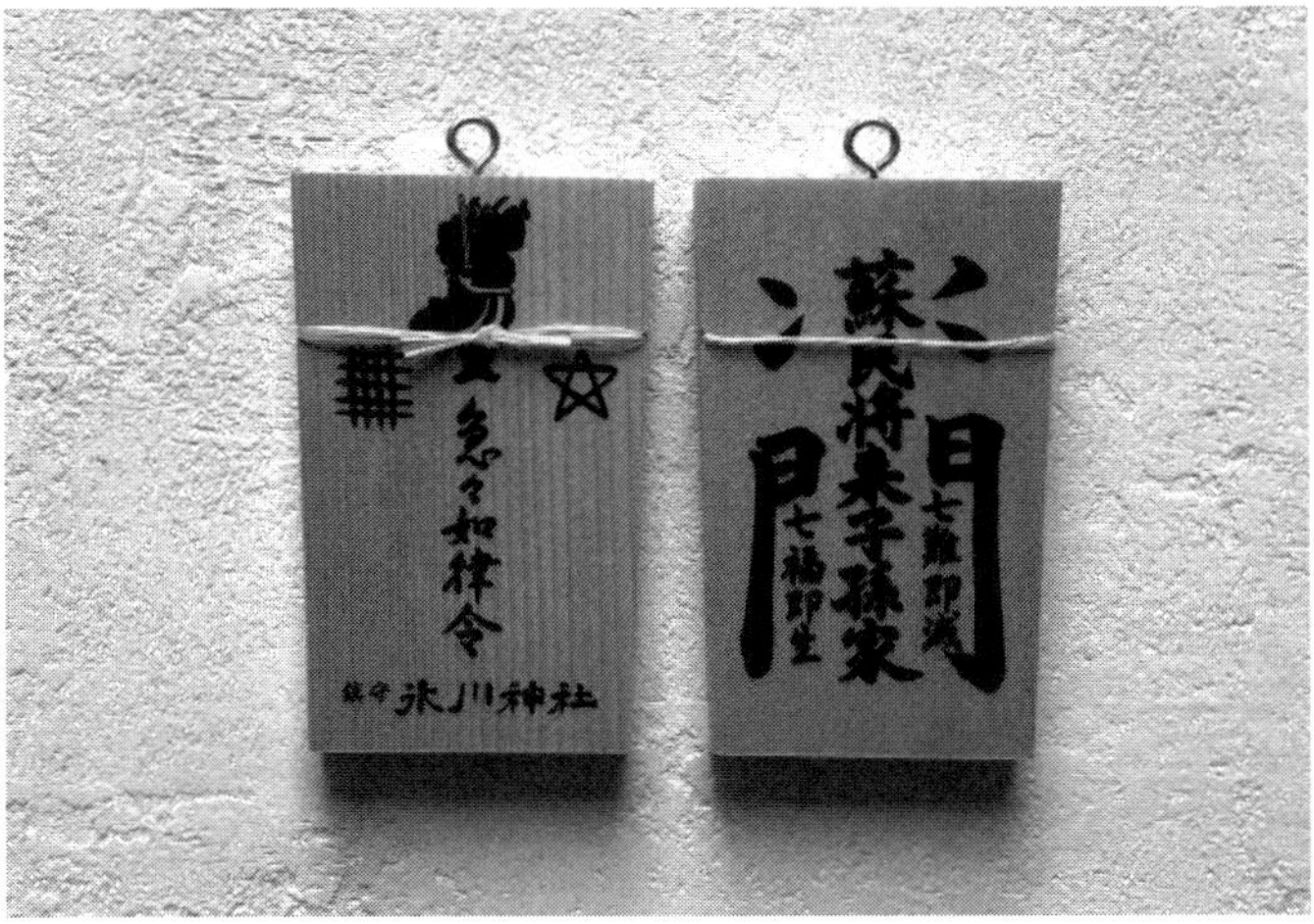

護符の裏側

裏側に書かれている「急々如律令」は悪いものを払う陰陽道の呪文。

（氷川神社HPより）

そうであれば、疫病も通り過ぎていくというわけです。八坂神社では、こけしに似た立体の護符も配っています。

護符の裏には「急々如律令《きゅうきゅうにょりつりょう》」と書かれ、五芒星《ごぼうせい》という星のマークが付いています。これは陰陽道の呪文で、悪いものを祓うための呪文です。

陰陽道というものも不思議な信仰で、これもまた由来がよくわかりません。日本独自のものなのですが、中国の道教の影響なども受けていて、陰陽道にもとづくいろいろな護符や呪文があります。その代表的なものが「急々如律令」です。律令というのは、先にもお話をした通り、法律のことです。

「急々如律令」は古代中国の公文書の最後に添えられていた一文で、「早急に律令のごとく行え」という意味です。別に呪文でもなんでもないのですが、それが、読み方がそうさせたのでしょうか、陰陽道では呪文に転用されたのです。

政争犠牲者の恨みと祟り

不安の世に生まれた信仰の起源とは？

陰陽師としては、安倍晴明《あべのせいめい》（921～1005年）が何より有名です。ただ、陰陽師というのは実は役人で、陰陽寮という役所に所属していました。安倍晴明は陰陽師を長く務めましたが、遅咲きの人物で、中年期になってから有名になりました。藤原道長の時代に陰陽師として名を成して、86歳で死去するまで陰陽師として活躍しました。当時は、役人に定年などなかったのです。

藤原道長が書いた『御堂関白記《みどうかんぱくき》』に、屋敷を新たに構えたとき、最晩年の安倍晴明が、今で言う地鎮祭にあたるような儀式を行ったことが書かれています。

ドラマなどでは不思議な術をいろいろと操る人物として描かれますが、実際には官僚として真面目にその業務をこなしていたようです。

とはいえ、陰陽師が活躍する余地が生まれたということは、平安時代には、いろいろな問題が発生していたということを意味します。

奈良時代から平安時代に変わり、平安京ができます。平安京は東京に遷都されるまでずっと都であり続けました。規模としてもかなり大きな都市で、その都市には、朝廷があり、藤原氏などの公家も生活していました。

貴族はもともと奈良にいたわけですが、平安京に都が移ることによって藤原氏を中心とする貴族の人間たちは京都に移ってきました。

それにともなって、朝廷や公家の生活を支える活動をする人たちが京都に集まってきましたから、平安京は大都市になっていきます。非常に密な環境というものが出来上がることになったわけです。これは、疫病が流行しやすい環境が生まれたことを意味します。

しかも、平安京では政争がくり返されました。皇位継承をめぐって、さまざまな争いが生まれました。

藤原氏のなかでも、権力争いが起こりました。『光の君へ』が、武士がまだいない時代であるにもかかわらず、大河ドラマとして成り立つのも、政争が繰り返され、それによってたくさんの犠牲者が生まれたからです。

政争の犠牲者として亡くなった人たちは、恨みを抱いていきます。その恨みは、亡くなることによって消滅してしまうのではなく、崇りを生み出すという考え方が平安時代には強く打ち出されることになりました。これは、奈良時代の段階では、まだあまり表面化しなかったことです。

崇りを生み出すという考え方から生まれてきたのが「御霊信仰」です。死後に崇る人物が御霊と呼ばれるようになっていきます。

その代表となったのが早良親王《さわらしんのう》です。

早良親王（750？～785年）は悲劇的な最期をとげた人物です。早良親王は、平安京をつくった桓武天皇と母を同じくする弟です。次の皇位継承者である皇太弟に立てられるのですが、藤原種継《たねつぐ》という官僚の暗殺に関係したとされ、廃位されてしまいます。

藤原種継は平安京の前につくられた長岡京の造営使、つまり長岡京遷都の長官を務めた人物でした。その藤原種継が長岡京造営中の現場で暗殺される事件が785年に起こります。早良親王はこの暗殺事件に関わったとされたのです。

これによって、早良親王は長岡京の近く、やがて空海ゆかりの寺の1つとなる乙訓寺《おとくにでら》に幽閉《ゆうへい》され、淡路島に流されることになります。

早良親王は、無実を訴えて絶食をしました。あるいは、食事を与えられなかったという説もあります。いずれにしても、食を絶たれることで、早良親王は淡路島に流される途中で亡くなってしまいます。

早良親王は恨みを持って憤死《ふんし》したということになり、その後に起こったいろいろな事件は早良親王の祟りであるということになります。

皇太子に立てられた安殿《あて》親王が発病し、桓武天皇妃である藤原旅子《たびこ》や藤原乙牟漏《おとむろ》、愛妾の坂上又子《さかのうえのまたこ》が病死し、桓武天皇と早良親王の生母である高野新笠《たかののにいがさ》も病死しました。さらには疫病も流行し、洪水が相次ぎました。悪い出来事が立て続けに起こったのです。

そこで、早良親王の霊を鎮めなければならないということになり、それで行われたのが「御霊会《ごりょうえ》」です。

最初の御霊会は貞観5年、863年に京都の神泉苑で行われました。この貞観年間には、東日本大震災の前身ともいえる貞観の大震災が起こっています。それによって大きな被害が生まれました。

神泉苑は、現在の京都市中京区門前町にあります。今では、真言宗のお寺になっています。この神泉苑で863年、早良親王の祟りを鎮めるための御霊会が行われました。すでに800年には、早良親王に対して桓武天皇から崇道天皇という尊号が与えられていました。正式に天皇になったというわけではありませんが、皇太弟に立てられたということもあり、死後、天皇号を贈られたのです。

御霊会の対象になったのは、早良親王だけではないのですが、この御霊会から祇園祭が生まれることになります。

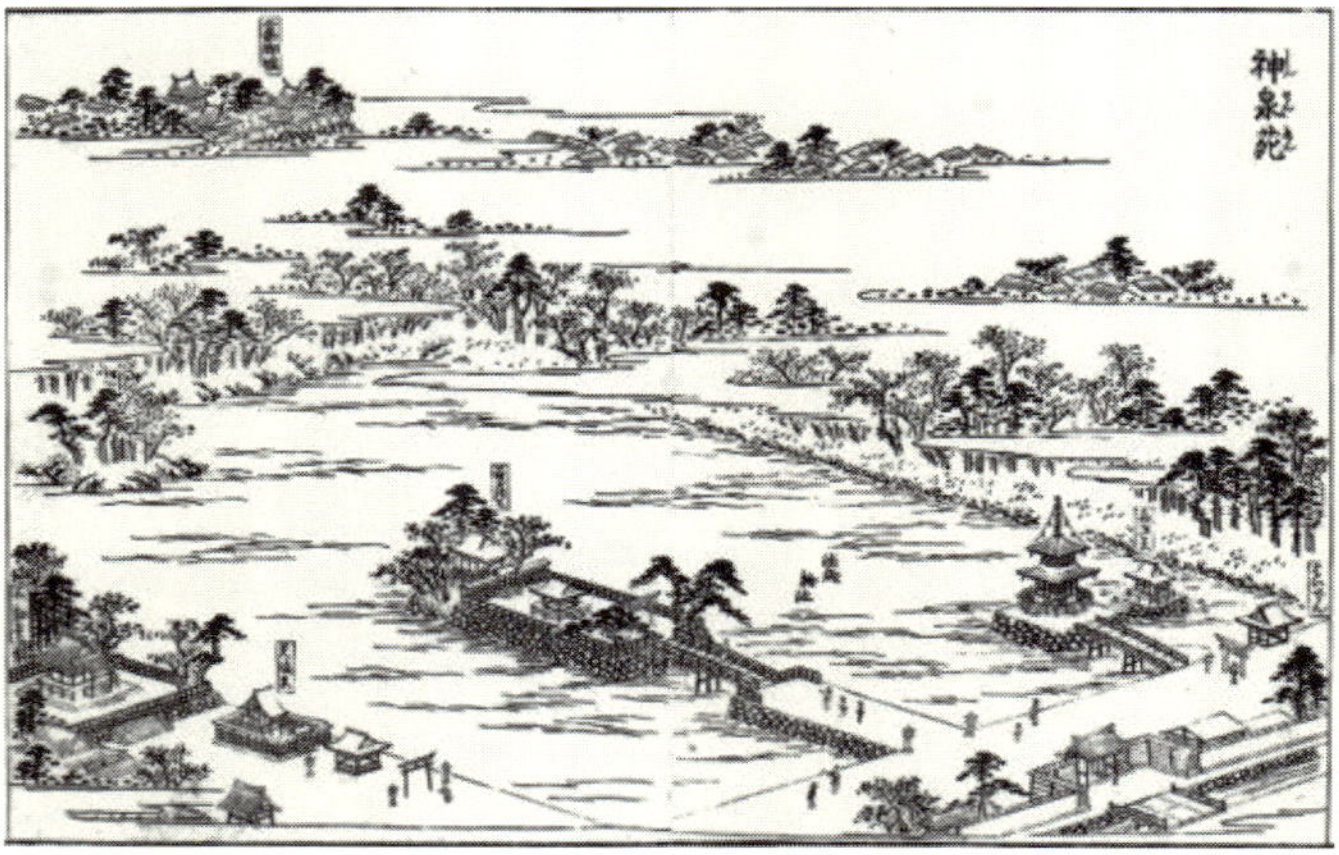

江戸時代の神泉苑

1780年に刊行された『都名所図会』に描かれた神泉苑。（神泉苑HPより）

現在の神泉苑

貞観の大地震や天明の大火などに見舞われたものの、社の再建を経て現在の姿となっている。

・京都府京都市中京区／地下鉄東西線「二条城前駅」徒歩２分（写真：Wikipediaより）

洛中洛外図屛風 上杉本 右隻

京都の市街と郊外を描いた「洛中洛外図」と呼ばれる屛風絵の作品群の一つ。狩野永徳の作品とされており、1995年に国宝に指定された。
（写真：Wikipediaより）

貞観年間（859〜877年）には、貞観地震だけではなく、それと関係するのかどうかはわかりませんが、富士山も噴火しました。

天変地異が続いたわけです。

当時は国が66に分かれていました。これが、祇園祭の山鉾《やまほこ》の起源となっていくのですが、それぞれの国を表す6メートルほどの高さの矛を66本立て、それに悪霊を移し宿らせることで諸国の穢れを払うということをやりました。

神輿も出ました。その神輿に薬師如来を本地とする牛頭天王を載せ、御霊会を執り行ったのです。

これをもとにして祇園祭がはじまることになりました。

つまり祇園祭は、平安時代に生じたさまざまな矛盾、あるいはそれにまつわる惨事などを、いかに鎮めるかというところから始まった祭りなのです。

ただ、時代が進むと、そうした面よりも娯楽性が重視され、立派な山鉾の巡行が行われるようになり、当初とは異なる方向に変化していきました。

安土桃山時代の「洛中洛外図屏風」（前頁）には、そうした娯楽性の高い祇園祭の情景が描かれています。

「洛中洛外図屏風」は狩野永徳（１５４３～１５９０年）の作品です。山鉾巡行を中心に描かれています。

祇園祭は、京都の市中に住む町衆が担い、その結束を強化するための行事という方向に変わっていったわけです。近世になると、古代や中世の感覚とは違うものになってきました。人々の考えること、信じることが、現代とさほど変わらないものになってきたのです。

祇園社から八坂神社へ

名称を変えられ祭神も変化した祇園社

お寺や神社に参詣したり参拝したりしたとき、その証としていただく印影のことを御朱印《ごしゅいん》といいます。

八坂神社の御朱印には、現在でも「祇園社」と書かれています。

これは八坂神社が、現在においても、自分たちは祇園社であると考えているのだと思います。

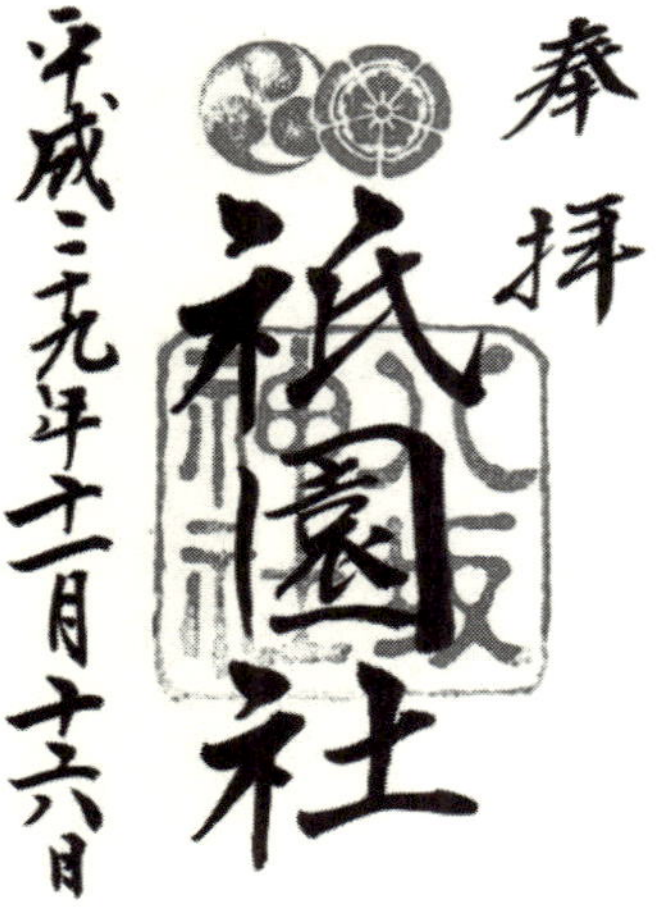

八坂神社の御朱印

写経を行いそれを納めた証として授与されていたもので、神仏の分身ともされる。現代では参拝した証として頂くことが多くなっている。（八坂神社HPより）

八坂神社は明治元年、１８６８年まで祇園社と称していました。祇園社であった時代というのは、要するに牛頭天王を祀っている時代で、次の３柱の神を祭神としていました。

・中の座：牛頭天王《ごずてんのう》
・東の座：八王子《はちおうじ》
・西の座：頗梨采女
（はりさいにょ・ばりうねめ）

頗梨采女は牛頭天王の妻です。その間に生まれたのが八王子です。

中の座、東の座、西の座の構成は、そのまま、祇園祭に出る３つの神輿、中御座、東御座、西御座にあたります。

明治時代になると、政府は、牛頭天王のような怪しげなものを神社で祀るのはけしからんと、神仏判然令《しんぶつはんぜんれい》のなかで、それを禁止しました。

その結果、祇園社は八坂神社と名を変え、祭神も、次のように変化しました。

・中御座：素戔嗚尊《すさのをのみこと》
・東御座：櫛稲田姫命《くしいなだひめのみこと》
・西御座：八柱御子神《やはしらのみこがみ》

牛頭天王がスサノオに変わり、頗梨采女はクシナダヒメ（クシイナダヒメ）に変わりました。八柱御子神がスサノオとクシナダヒメの間に生まれた子どもということになりますが、東と西の位置関係がそれ以前とは変わっています。

どういう理由で変わってしまったのかはわかりません。

この祭神の変更は、八坂神社の側が望んだことではありません。あくまで政府の

疫神社

八坂神社の境内にある摂社で、蘇民襲来を祀っている。

・京都市東山区／京阪電車京阪本線「祇園四条駅」徒歩5分（写真：Wikipediaより）

命令でした。八坂神社が現在でも祇園社の御朱印を授与しているのも、そうした事情がかかわっているに違いありません。

八坂神社の本質は、境内に祀られた疫神社《えきじんじゃ》に示されています。

疫神社には蘇民将来が祀られています。蘇民将来が祀られているということは、牛頭天王が祀られているのと同じだと考えられます。

疫神社の祭礼である「疫神社夏越《なごし》祭《さい》」は毎年7月31日に行われます。夏に感染症が流行することは、今ではなくなってきました。

夏越祭
毎年7月31日に疫神社で行われる祭りで、蘇民将来の伝説にちなんで疫病を祓うために行われる。(八坂神社HPより)

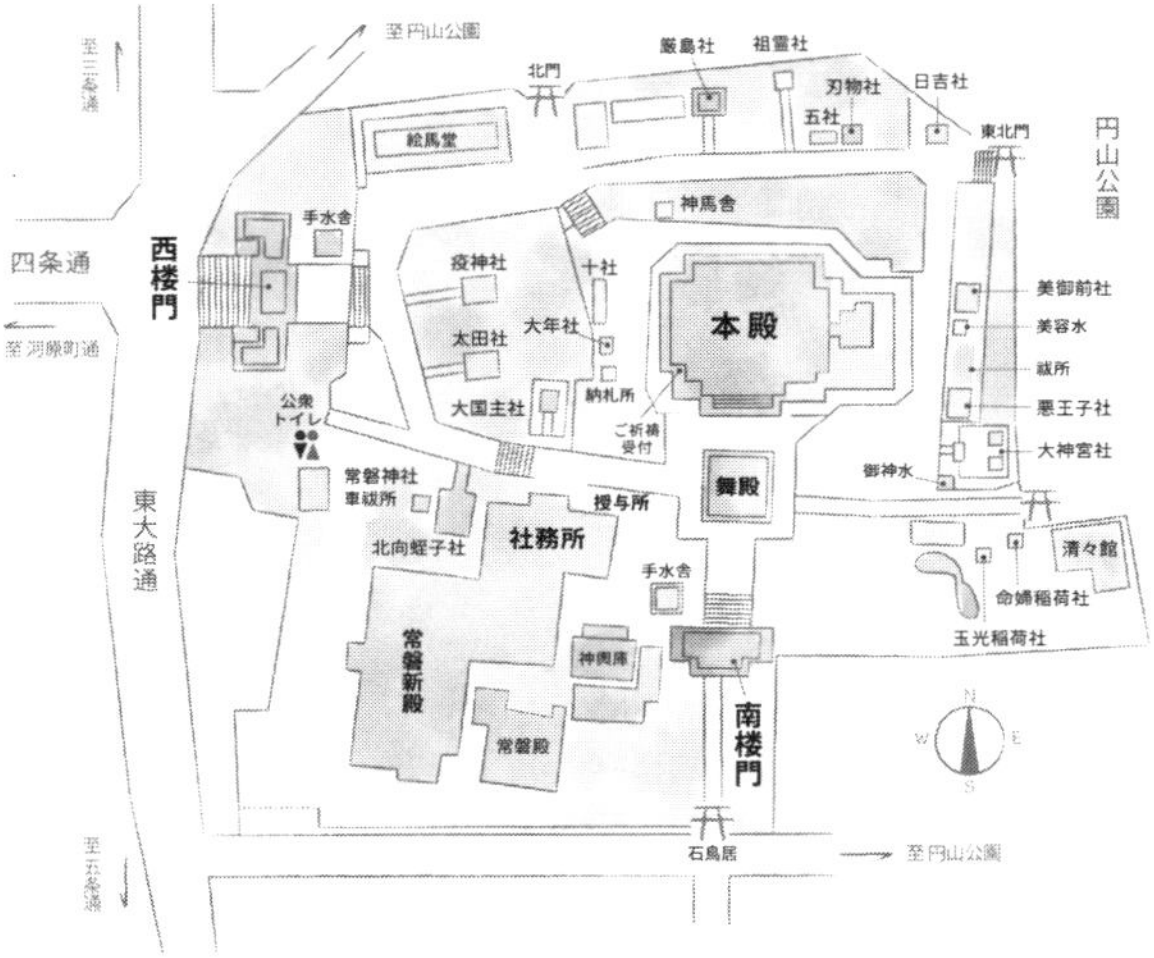

八坂神社境内案内図(八坂神社HPより)

昔は、夏といえば感染症の季節でしたから、疫神社夏越祭はそれを祓うための祭りです。この祭の際には、「蘇民将来之子孫也」の護符が配られます。

疫神社のある場所を見ていくと、興味深いことがわかります。

祇園の繁華街は八坂神社の左手、西方にあります。四条通から来ると西楼門に至りますが。西楼門は、実は、門としては脇の門ということになります。南楼門から入るのが正式です。

ただ、西楼門を入って最初の所に疫神社が祀られています。おそらくは、こちらの位置関係のほうが、一番古いスタイルを示しているのではなかろうかと思います。

つまり、八坂神社では、今はスサノオが祭られていますが、その正体は牛頭天王であるということです。

祇園神社は全国に数多くありますが、そうした神社ももともとは牛頭天王が祀られていて、現在はスサノオに変わったことになるのです。

氷川神社のスサノオ

ヤマタノオロチの正体とは？

氷川神社も祭神をスサノオとしている神社ですが、その祭神にまつわる歴史というものは八坂神社とはまったく異なっています。同じ祭神を祀っているにもかかわらず、はっきりとその系統が分かれているのです。

氷川神社のオフィシャルホームページでは、その由緒は、次のように説明されています。

《氷川神社は社記によると今から凡そ二千有余年第五代孝昭天皇の御代3年4月未の日の御創立と伝えられます。第十二代景行天皇の御代、日本武尊は東夷鎮定の祈願をなされたと伝わっております。第十三代成務天皇の御代には出雲族の兄多毛比命《えたもひのみこと》が朝廷の命により武蔵国造となって当社を奉崇し、善政を敷かれてから益々当社の神威は輝き格式を高めたと伝わります》

創建は第5代の孝昭天皇の時代ですが、後の第12代の景行天皇や第13代の成務天皇の時代に、神社としての格式が整えられたというわけです。

日本武尊はヤマトタケルのことです。すでにふれたように、ヤマトタケルは、父の景行天皇に疎まれて、まつろわぬ民を征伐するよう命じられ、各地に送られます。ヤマトタケルが立ち寄ったとされる場所が、神社になっているケースは多く見られます。ヤマトタケル自体を祭神としている神社も、たくさん存在します。

第13代の成務天皇の時代の話として、出雲族の兄多毛比命という人が出てきています。兄多毛比命は朝廷に命じられて武蔵国造となるわけですが、武蔵国とは、現

氷川神社
かつて見沼の水神を祀っていたとされ、スサノオに対する信仰の一つである氷川信仰の総本社とされている。
・埼玉県さいたま市／JR「大宮駅」徒歩15分（写真：Wikipediaより）

在の埼玉県と東京都、神奈川県の一部を含む地域です。

この兄多毛比命が氷川神社を崇拝するようになって氷川神社の神威が高まったというのです。

東京や埼玉に住んでいる人たちには氷川神社はかなり親しみがある神社のはずです。身近に氷川神社があるからです。

ところが、それ以外の地域の人にとっては、「氷川神社って何？」となるのではないでしょうか。

氷川神社が分布している地域は非常に限られています。

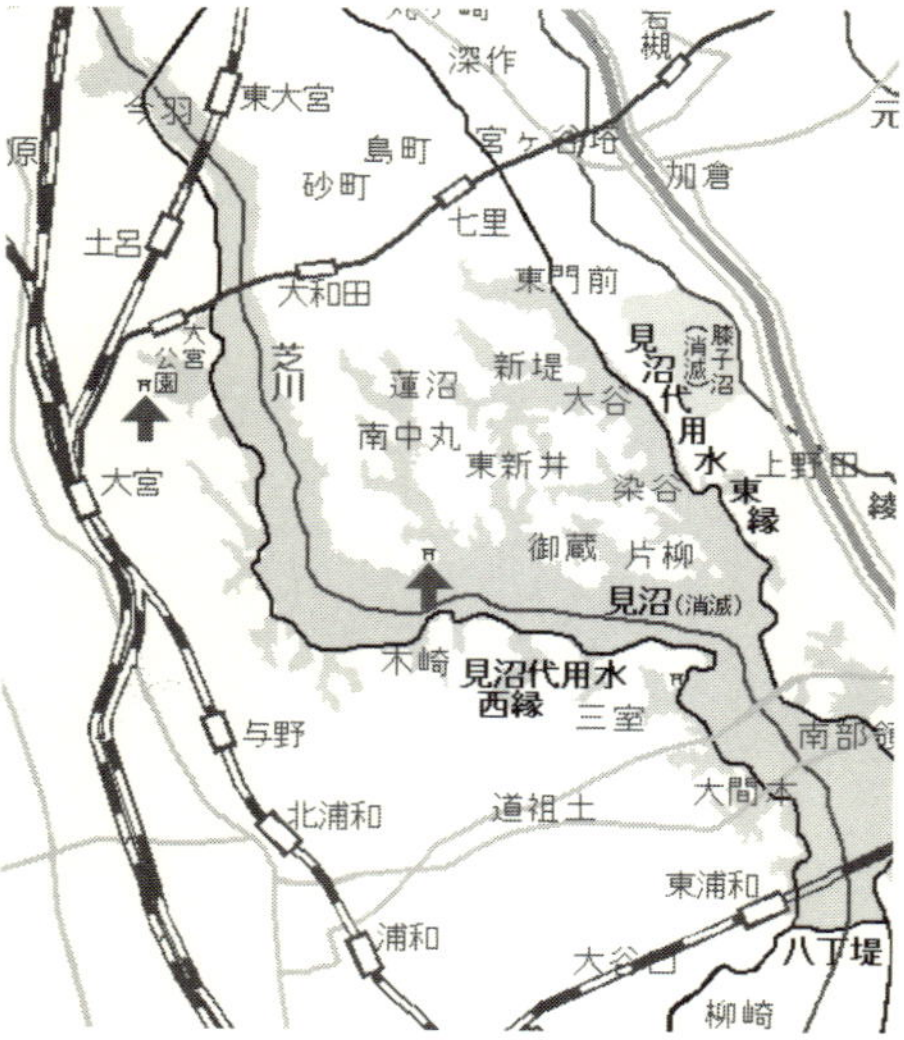

見沼周辺図
見沼とは、現在の埼玉県さいたま市と川口市にかつて存在したとされる巨大な沼で、水神が住んでいるとされ信仰の対象となり周囲に多くの神社が創建された。
（地図：Wikipediaより）

東京と埼玉を中心に約２８０社あるのですが、埼玉県に１６２社、東京都に59社あります。氷川神社は埼玉が中心なのです。他の地域になると数が極端に少なくなります。茨城、栃木、北海道に２社ずつ。神奈川、千葉に１社ずつです。

北海道を除くと、関東にしか氷川神社はありません。ということは、関東に住んでいない人たちは氷川神社の存在を基本的に知らないことになります。八坂神社の系統とは、その点で大きく違います。

氷川神社が地域的に偏っている原因は、その地理的な環境に求められます。大宮氷川神社のあたりに昔、見沼という大き

氷川女體神社
巨大な貝沼に接する形で氷川神社と氷川女體（女体）神社が鎮座している。
（写真：Wikipediaより）

な沼があったことが影響しています。

現在は広い緑地空間になっている見沼ですが、かつての見沼を復元した地図（前頁）を見ますと、大宮と書かれているすぐ北の所、大宮公園の横に、小さく神社のマークが付いています。これが大宮氷川神社です。

右側にあるのが、氷川女體（女体）神社です。

つまり、巨大な見沼に接する形で、武蔵一之宮である氷川神社と氷川女體神社が鎮座しています。

どうやらこの見沼が、氷川神社の信仰と深く関係しているようなのです。

もとは大きな池や沼あるいは川だった所が現在は埋め立てられて姿をすっかり変えていることはよくあります。京都の南方にも、昔、巨椋池《おぐらいけ》という大きな池があり、湿地帯が広がっていました。巨椋池の場合も、干拓され、それによって農地となり、今では住宅街になっています。それと同じように、見沼の場合も農地に転換するということで、干拓事業というものが進められたのです。

竜の形をした見沼には竜神が住んでいるという伝説がありました。竜神は日本全国いたる所で祀られています。この周辺の村々にもさまざまな竜神伝説が残っています。例えば、現在のさいたま市緑区にある四本竹《しほんだけ》という地域では、江戸時代の終わりまで、近隣の氷川女體神社に竜神を鎮めてもらうための「磐船祭《いわふねまつり》」という行事が行われていました。

氷川女體神社には、「氷川女体神社磐船祭祭祀遺跡」というものがあります。昔、祭り事が行われていた跡がここにあるというわけです。

跡ですから、今は行われていないわけですが、そのような形で竜神を鎮める行事が各地で盛んに行われていました。どうもこの竜神というものが、スサノオが出雲国で退治したヤマタノオロチと重ね合わされたようなのです。

では、ヤマタノオロチとは一体何者なのかということになってきます。神話のなかでは、水を司る神とされ、洪水を引き起こすものとされていました。それによって、毎年、田畑が荒らされたのです。それは困るということで、クシナダヒメが人身御供としてヤマタノオロチに捧げられることになったのです。

ということは、ヤマタノオロチは洪水の象徴であることになります。スサノオは、洪水を鎮めた英雄であり、それを治める力を持っていると考えられたのです。

大宮の見沼もまた、洪水によって周辺住民を悩ませていました。そうした人たちが祀るにふさわしい神であるということで、スサノオが氷川神社の祭神になったわけです。

したがって氷川神社の祭神であるスサノオは、牛頭天王とは関係ありません。スサノオが祭神として選ばれる経緯は、八坂神社とはまったく違うことになります。

氷川神社の水とのかかわりは、最初にふれた香取神宮と比較することで、より鮮明になってきます。

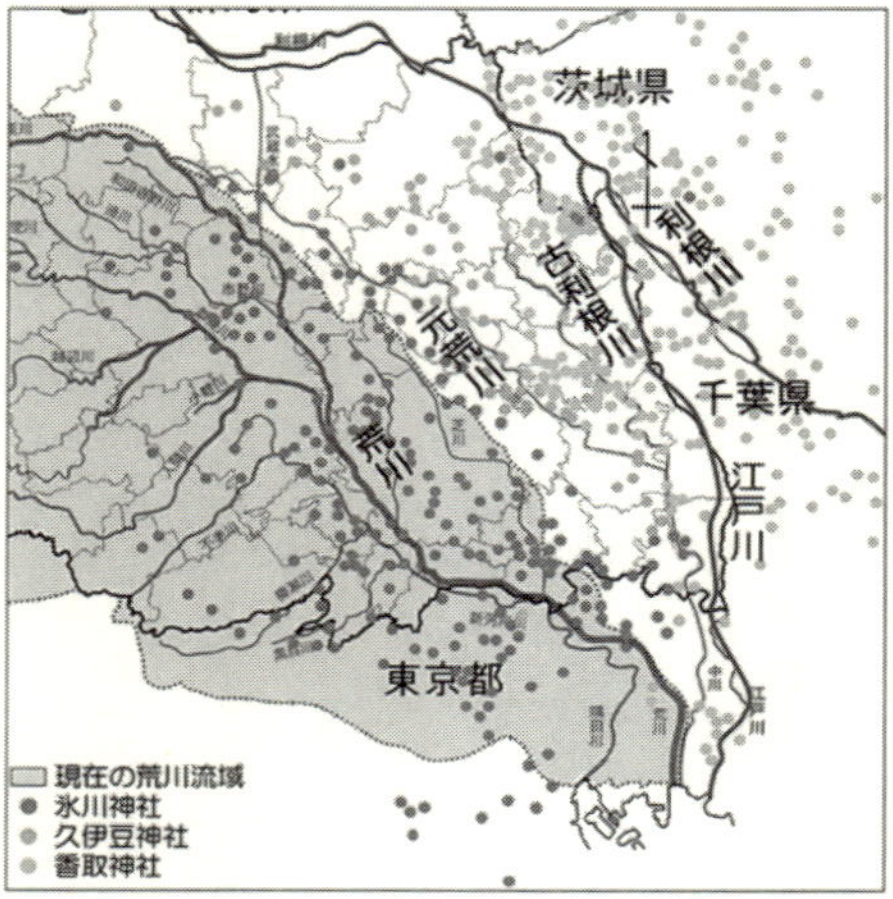

荒川周辺氷川神社分布図
(関東地方整備局資料より作成)

香取神宮とそれを本宮とする香取神社は、埼玉県に１１９社、茨城県に２１４社、千葉県に71社、東京都に15社鎮座しています。

こちらも、氷川神社系統と同様に、祀られている地域は限定されていて、一番西の限界は元荒川になります。

利根川、古利根川周辺に香取神社が鎮座しているわけで、その地域は、千葉県から茨城県、埼玉県に及ぶ関東の東側になるわけです。

中央には久伊豆神社が点在する領域があり、その西の方になってくると、荒川を中心に祀られているのはすべて氷川神社です。

氷川神社と香取神社は地域が違うのですが、同じように集中して祀られています。久伊豆神社は、その中間地帯に鎮座しているのです。

西の方の荒川周辺では、大宮氷川神社を中心に、水神、ないしは龍神を鎮めてくれるものとして氷川神社が祀られていて、東の利根川周辺では、香取神社が同様に水神や龍神を鎮めてくれるものとして祀られているのです。

どの川かということで、祭神が変化してくるわけです。

京都の八坂神社の場合は、疫病を鎮めるということが一番重要でした。関東の場合には、洪水を鎮めるということが重要だったわけです。それによって、スサノオを祀る神社には、二つの系統が生まれました。

氷川という名は、出雲の簸川《ひかわ》に由来するとされていますが、簸川は、スサノオがヤマタノオロチを退治した場所です。

このように、神社創建の歴史は多様です。それぞれの神社がどのようにして創建されたのか、わからないことがさまざまに出てきますが、そこには、私たち日本人が経てきた歴史というものが反映されているのです。

おわりに

　ここまで、神社創建にまつわる謎の数々を追ってきました。その際にとりあげた神社は、皇祖神アマテラスを祀る伊勢神宮をはじめ、藤原氏の氏神である春日大社、そして、春日大社と密接な関係を持つ鹿島・香取神宮、さらには、アマテラスの弟であるスサノオを祀る八坂神社と氷川神社でした。

　どれも、よく知られた著名な神社ばかりです。著名な神社ですから、皆さんも参拝に訪れることがあるでしょう。最近は、神社をめぐることがブームにもなっていますので、そうした神社を訪れたいと願っている方々も少なくないはずです。

　大きな神社になると、そこには鎮守の森が広がっていますので、心地よさを感じることができます。森林浴をしているようでもあります。そこが、お寺とは異なる神社の特徴でもあります。お寺なら拝観料が必要だが、神社だとそれが不要だというのも、多くの外国人観光客が神社を訪れるようになった原因かもしれません。

しかし、神社を訪れても、それだけでは、その神社がどのような歴史を経て創建され、現在の形態をとるようになったのかはわかりません。それぞれの神社の鳥居の脇などには、由緒書が掲示されていますが、それを読んでも、深い知識は得られませんし、本当かなと思うようなことも書かれているはずです。

本書を読まれて、さらに神社の創建の由来を知りたい。そのように思われる方も少なくないことでしょう。

どうぞ、神社の奥深い世界に、どんどんと入っていってほしいものです。

なお、本書の内容はＮＨＫ文化センターのさいたまアリーナ教室で行なった講義をもとにしています。

２０２４年11月

島田裕巳

〈著者略歴〉

島田裕巳（しまだ ひろみ）

1953年東京都出身。宗教学者、作家。

東京大学文学部宗教学宗教史学専修課程を卒業、同大学大学院人文科学研究科博士課程修了。後に東京女子大学非常勤講師、放送教育開発センター助教授、日本女子大学教授、東京大学先端科学技術研究センター特任研究員、同客員研究員などを歴任。主な著書に『[増補版]神道はなぜ教えがないのか』（扶桑社）、『創価学会』（新潮新書）、『日本の10大新宗教』、『浄土真宗はなぜ日本でいちばん多いのか』『葬式は、要らない』（以上、幻冬舎新書）、『新宗教 驚異の集金力』（ビジネス社）、『宗教の地政学』（MdN新書）などがある。

「謎《なぞ》」で巡《めぐ》る神社《じんじゃ》の歩《ある》き方《かた》

神社創建《じんじゃそうけん》の歴史《れきし》――鹿島《かしま》・香取《かとり》・春日《かすが》・伊勢《いせ》・祇園《ぎおん》・氷川《ひかわ》を中心《ちゅうしん》に

■発行日　令和6年12月25日　初版第一刷発行
■著者　島田裕巳《しまだひろみ》
■発行者　漆原亮太
■発行所　啓文社書房
〒160-0022　東京都新宿区新宿5-7-8　ランザン5ビル5F
電話 03-6709-8872　FAX 03-6709-8873
■発売所　株式会社啓文社

■DTP　株式会社三協美術
■印刷・製本　株式会社 光邦
■ブックデザイン　谷元将泰

ISBN 978-4-89992-092-2　C0021　Printed in Japan